Le Bon père

Vie du T.R.P. Marie-Joseph Coudrin

par

Le R.P. Malige

Conserver la Couverture

LE BON PÈRE

LE BON PÈRE

VIE

DU

T. R. P. MARIE-JOSEPH COUDRIN

FONDATEUR ET PREMIER SUPÉRIEUR
DE LA CONGRÉGATION DES SACRÉS-CŒURS
DE JÉSUS ET DE MARIE
ET DE L'ADORATION PERPÉTUELLE DU
TRÈS SAINT SACREMENT DE L'AUTEL (PICPUS)

PAR

LE R. P. MALIGE

PRÊTRE DE LA MÊME CONGRÉGATION

ÉVREUX

IMPRIMERIE DE L'EURE

1896

INTRODUCTION

LES SERVITEURS DE DIEU

DE LA CONGRÉGATION DES SACRÉS-CŒURS

LES SERVITEURS DE DIEU

DE LA CONGRÉGATION DES SACRÉS-COEURS

CULTE DES SAINTS

Par une circulaire en réponse aux vœux de bonne fête qui lui ont été adressés, N. T. R. Père recommande à ses enfants d'honorer d'un culte filial, d'une dévotion tendre, ceux qu'il appelle les Saints de la Congrégation. Si nous pouvons nourrir le légitime espoir que plusieurs d'entre eux, particulièrement le fondateur, nos martyrs de la Commune, le P. Damien, recevront un jour les honneurs de l'Église, nul acte authentique n'est encore intervenu, par conséquent nous ne pouvons pas les honorer comme des Saints canonisés. Il sera donc aussi utile qu'agréable à nos lecteurs de trouver ici à la fois les motifs de pratiquer la dévotion recommandée, et les règles à suivre pour nous conformer à l'esprit de notre sainte Mère l'Église romaine.

En général, que faut-il penser du culte des Saints? Quelle place doit-il occuper dans la piété et dans les pratiques chrétiennes? Honorer les Saints, est-ce chose facultative, louable sans doute, utile même, mais enfin tellement libre qu'on puisse mener une vie pieuse sans jamais s'occuper d'eux? Le Concile de Trente, exposant la doctrine catholique contre les erreurs des protestants, définit « qu'il est bon et utile d'invoquer humblement les Saints, qui règnent au ciel avec le Christ, et de recourir à leurs prières, à leur protection et secours, pour obtenir les grâces de Dieu par son Fils Jésus-Christ Notre Seigneur, qui seul est notre Rédempteur et Sauveur. » (Trid. Sess. XXV.)

En réfutant les hérétiques sur ce point particulier, les théologiens font remarquer avec soin que la controverse ne porte pas sur la nécessité du culte rendu aux Saints. Tous les catholiques, dit le P. Perrone, conviennent que l'invocation des Saints n'est pas *absolument* nécessaire pour le salut. Ils se bornent à prouver qu'elle est *licite* et *utile*, par conséquent nullement entachée de superstition ou d'idolâtrie.

Laissant les théologiens batailler avec les hérétiques dans ces positions avancées, plus à l'aise dans l'enceinte de l'Église, nous ferons au culte des Saints une place plus large, et nous établirons que ce culte est non seulement licite et utile, mais encore nécessaire, d'une nécessité morale sinon absolue; qu'un chrétien n'aurait pas l'esprit de l'Église, par conséquent l'esprit de Dieu, s'il négligeait le culte des Saints; Dieu ayant voulu que les Saints, par les exemples qu'ils nous ont laissés, par les grâces qu'ils nous obtiennent, contribuassent à l'œuvre de notre salut.

Qu'est-ce que faire son salut ou se sauver? C'est parvenir à la fin pour laquelle Dieu nous a créés, atteindre le but où Dieu a marqué notre repos. Or, la volonté de Dieu sur nous, c'est notre sanctification. *Hæc est voluntas Dei, sanctificatio vestra.* C'est notre perfection dans la ressemblance de Dieu, et, par cette ressemblance, la participation à la vie, à la béatitude éternelle de Dieu. L'homme sera semblable à Dieu, quand il aura sur toutes choses les mêmes pensers que Dieu, les mêmes vouloirs que Dieu, et quand, par ses vertus, il reproduira en soi les attributs de Dieu.

Créé à l'image de Dieu, reconstitué plus parfaitement à cette image par le baptême, qui lui a été donné au nom du Père, du Fils et du Saint-Esprit, l'homme a déjà les linéaments de cette ressemblance auguste; mais doué de liberté, il doit atteindre par son travail à la consommation de la sainteté, à la plénitude de l'homme parfait : *Ad consummationem sanctorum, in virum perfectum.* (Eph. IV, 13.) C'est son épreuve dans cette vie de passage.

Pour reproduire en soi les attributs de Dieu, il doit donc faire un travail d'imitation, qui suppose la contemplation et la connaissance de son modèle, et, si le travail est au-dessus de ses forces, il a besoin d'un secours proportionné, qui le soutienne dans sa marche.

Imiter Dieu, après l'avoir étudié en lui-même ou dans les révélations qu'il nous a faites de lui, travailler avec un secours qui nous viendrait immédiatement de lui; dans ces ascensions progressives de l'âme vers Dieu, n'avoir affaire qu'à lui, serait chose possible; mais tout autre est le plan de Dieu. Ce n'est pas directement que nous parvenons à le connaître : nul ne l'a vu, *Deum nemo vidit unquam;* il habite une lumière impénétrable, *Lucem habitat inaccessibilem;* il s'est montré à nous par des images visibles.

La première, la plus parfaite, c'est le Verbe incarné, le Christ Jésus, figure de la substance divine dans sa divinité; figure encore, quoique diminuée, *Verbum abbreviatum,* dans son humanité.

L'humanité de Jésus, copie de Dieu, c'est le modèle qui nous a été montré sur la montagne. Voilà mon Fils bien-aimé, écoutez-le. Jésus, maître des éléments, Thaumaturge, c'est Dieu manifestant sa toute-puissance; Jésus docteur parlant comme jamais homme ne parla, c'est Dieu montrant sa toute sagesse; Jésus bon, aimant, dévoué, faisant le bien à tous, même à ses ennemis, c'est Dieu révélant sa bonté infinie. Étudiez Jésus, vous trouvez en lui tous les attributs divins, patience, douceur, miséricorde, justice, pureté, sainteté, en un mot tout ce que renferme le nom de Dieu. S'il ne le dit pas tout entier, — comment la créature exprimerait-elle le créateur? — il nous en montre plus encore que notre regard n'en peut embrasser. Imitez Jésus, pensez, aimez, agissez comme lui, vous imitez les choses divines, vous entrez dans le sanctuaire de la divinité, où réside votre béatitude éternelle.

Et comme Jésus nous a montré de la divinité ce que nous en pouvons connaître et reproduire, de même, nous ayant mérité, par sa passion et sa mort, les grâces ou secours surnaturels sans lesquels nous ne saurions faire notre ascension vers la divinité, il est aussi le médiateur, l'aide par lequel nous sommes relevés et rendus capables d'actes surnaturels et divins; et en cela il est unique. *Unus mediator Dei et hominum, homo Christus Jesus.*

Mais, entre Dieu et nous n'y a-t-il que Jésus? La ressemblance de Dieu, que nous devons reproduire, ne se trouve-t-elle qu'en Jésus? La grâce qui nous descend de Dieu, nous est-elle donnée par les seules mains de Jésus?

Non, parmi les hommes, comme parmi les anges, il y a une hiérarchie. Harmonieusement fondues dans le modèle achevé qui est Jésus, les vertus que nous devons imiter n'auraient pas toujours à nos yeux la saillie qui nous permet de les voir; elles ont donc été comme distribuées entre les Saints, et c'est dans la personne des Saints que nous ferons l'étude proportionnée à notre faiblesse.

Il n'y a qu'un seul esprit, dit l'apôtre Saint Paul (1) mais diverses grâces; un seul Seigneur, mais plusieurs ministères; un seul Dieu, qui opère tout en toutes choses, mais des opérations multiples. Chacun manifeste l'Esprit de Dieu pour l'utilité des autres. A celui-ci l'Esprit a donné le langage de la sagesse, à celui-là le discours de la science, à cet autre la guérison des malades. Don des miracles, de prophétie, de discernement, don des langues, d'interprétation, c'est un seul et même Esprit qui distribue toutes choses, faisant à chacun la part qu'il juge convenable.

Au premier rang et au-dessus de tous les Saints, est posée la Vierge Marie, Mère de Jésus, copie la plus parfaite de l'adorable modèle. Femme, elle sera plus visiblement, sinon plus parfaitement que Jésus, le modèle des femmes, la moitié du genre humain. Sous sa bannière se rangeront ces milliers de vierges qui, dans les prisons, dans les hôpitaux, dans les écoles, usent précipitamment leur vie au milieu de toutes les privations et de toutes les douleurs; ou qui, dans la solitude et la prière des cloîtres, mènent une vie de pénitence, volontaire encens qui purifie l'air et neutralise, en se consumant, des miasmes invisibles et mortels. La bannière de la Reine des cieux, c'est le drapeau, la force, le refuge de toute chrétienne qui travaille et se dévoue. Le nom que portent ces femmes héroïques est celui de Marie. Le feu divin qui les anime est l'amour de Marie; elles se vouent à l'humilité, à la charité, à l'obéissance, elles travaillent, elles souffrent, elles meurent pour imiter Marie. Suivez-les dans la multitude des œuvres de piété et de miséricorde que cet amour leur inspire, vous verrez en elles comme une sorte d'incarnation de la Mère de Dieu, et un avènement personnel de Marie sur la terre. (L. Veuillot).

Après la Vierge Marie, les Saints, apôtres, martyrs, confesseurs, vierges, image réduite, mais présentant toujours à l'imitation des fidèles des traits de la divinité. Ce n'est pas au hasard qu'ils se lèvent et brillent au firmament de l'Église, comme les étoiles au ciel. Dieu les appelle, et ils accourent disant : nous voici, et ils donnent joyeusement leur lumière à l'heure et au point qui leur a été marqué. *Dederunt lumen in custodiis suis et lætatæ sunt.*

Aux uns il dit : Partez, soyez mes témoins jusqu'aux extrémités du monde; et les apôtres, comme des nuées, s'envolent par dessus

---

(1) I. Cor. xii. 4.

les montagnes, et le son de leur voix retentit par toute la terre, et
ils ont évangélisé la paix. A cet autre : Va, dit-il, enfonce-toi dans
le désert, et aux âmes que je vais pousser sur tes traces donne les
lois que ma sagesse te dictera. Et Benoît devient le Père et le
Maître de cette lignée bénie qui a couvert le monde.

La richesse a-t-elle gagné l'Église, victorieuse des tyrans, et souillé
son manteau virginal, il dit : Viens, François d'Assise, amant
désespéré de la pauvreté de Jésus, fais voir à ce monde frivole
comment tes pieds nus foulent le faste et le luxe.

Les farouches disciples de Mahomet ne croient pas à la rédemption opérée par le Christ. Les enfants de Pierre Nolasque, en se
chargeant des fers de leurs captifs, leur en montreront la vérité.
Le Maure de l'Andalousie, voyant un homme qui se donne pour
des inconnus, dit Bossuet, se convertira. « L'image du mystère de
la Rédemption lui fit adorer l'original; il crut à la charité que
Dieu a eue pour les hommes, en voyant celle que ce même Dieu
inspirait aux hommes pour leurs semblables. »

Dans les âges suivants, saint François Caracciolo, saint Gaétan
de Thienne, saint Charles Borromée, saint Vincent de Paul,
sans parler de tant d'autres, montrent aux clercs quel chemin ils
doivent suivre. Près de nous, dans ce xviiie siècle, pétri de sensualisme, le mendiant Benoît Labre, repoussant la volupté par des
dehors qui nous révoltent, réagit contre une société sybarite,
expie le sensualisme, qui déborde dans le monde et pénètre jusque
dans l'Église.

C'est ainsi qu'à travers les siècles, Dieu montre sa sainteté par
les vertus héroïques des Saints qu'il ne cesse de susciter. « Donc,
mon très cher Frère, dit agréablement l'évêque de Poitiers, ne
repoussez pas les exemples de notre Saint; il ne s'agit point pour
vous d'embrasser cette vie exceptionnelle, mais de l'imiter de
loin... Vous n'atteindrez point aux vertus héroïques et aux mérites
transcendants de notre bienheureux; aussi est-il sur les autels et
vous n'y serez point; mais il n'y aura pas été placé inutilement si sa
vie vous donne à réfléchir et si elle vous fait changer la vôtre. »
(Mgr Pie, Pan. de Ben. Labre).

Dieu donc, en suscitant les Saints, nous les propose comme
modèles. Mais si, au dire de Bossuet, « la manière la plus excel-
lente d'honorer les choses divines est de les imiter; si le plus grand
hommage que nous puissions rendre à la souveraine vérité de

Dieu qui nous a fait l'honneur de nous former à sa ressemblance, c'est de nous conformer à ce qu'il est, » nous inviter à suivre leurs exemples, n'est-ce pas nous presser à leur rendre l'hommage de notre culte?

PUISSANCE DES SAINTS

Il a fait mieux encore : pour leur concilier nos hommages, il a communiqué aux Saints de la bonté de son cœur, de la puissance de son bras, et il a voulu que nous eussions besoin de leur secours.

Eh quoi! le souverain Seigneur de toutes choses, qui atteint avec tant de puissance d'une extrémité à l'autre, ne peut-il se passer de ministres qui le suppléent? Que les monarques de la terre, ces dieux créés, impuissants à embrasser d'un seul regard tous les intérêts de leur royaume, se réservent les grandes affaires, laissant à leurs ministres le soin des petites, c'est nécessité; mais notre grand Dieu ne gouverne-t-il pas à la fois le brin d'herbe et le cèdre du Liban, l'humble passereau aussi bien que les hommes, ne donne-t-il pas au lys des champs une parure qui efface les splendeurs de Salomon? Est-il plus petit dans les petites choses, ou plus grand dans les grandes? Sans doute, mais ce que les créatures imitent par nécessité, le Créateur le fait par libéralité. Assez fort pour tout atteindre, il en dispose autrement par suavité. *Attingit fortiter, disponit suaviter.*

Infiniment bon, il est infiniment diffusif de soi, et il a communiqué à ses bienheureux cette pente vraiment divine à se répandre à leur tour. Pour les honorer, il s'en remet à eux du soin de faire le bien. Allez, dit-il, je vous constitue sur le gouvernement des villes; vous en gouvernerez cinq ou dix, en proportion des talents que vous avez fait valoir. Qu'on s'adresse à vous, qu'on vous implore; à mon exemple, pratiquez la libéralité; ouvrez sur vos clients vos mains pleines de mes richesses.

Et aux hommes besogneux, il dit comme Pharaon aux Egyptiens affamés : allez à Joseph. *Ite ad Joseph.* Marie, reine du ciel et de

la terre, est la dispensatrice universelle de tous les dons; avant
d'arriver à vous, telle vertu, telle grâce devra passer par les mains
de mes amis. Sans eux, vous ne les aurez pas; je les en ai consti-
tués les dispensateurs.

C'est une conséquence du dogme si consolant de la communion
des Saints, que les Pères exaltent à l'envi, et du précepte si pres-
sant de la charité fraternelle.

On sait avec quelle insistance Jésus, avec son Cœur débordant
d'amour, a recommandé à ses apôtres et par eux à tous les chrétiens, la pratique de la charité fraternelle. Je vous donne, disait-il,
un commandement nouveau, c'est que vous vous aimiez les uns
les autres comme je vous ai aimés. C'est mon précepte par excellence, que vous vous aimiez les uns les autres. C'est à ce signe
qu'on vous reconnaîtra pour mes disciples. Or, aimer le prochain
comme Jésus nous a aimés, c'est faire pour lui ce que Jésus a fait
pour nous; c'est vouloir le salut du prochain, comme Jésus, s'y
employer comme lui, jusqu'à l'effusion du sang; c'est se donner
sans réserve. Je dépenserai tout pour vous, disait saint Paul, et
après je me dépenserai moi-même pour votre âme, bien que, vous
aimant davantage, je sois moins aimé de vous (1).

Est-il besoin de longs discours pour démontrer avec quelle perfection les Saints ont pratiqué l'amour et le zèle du prochain?
Sans parler de ceux dont le nom est synonyme de charité, des
Pierre Nolasque, des Jean de Dieu, des Vincent de Paul, de tant
d'autres, dont la vie ne fut qu'un tissu de bonnes œuvres, jusque
dans la solitude des cloîtres, le zèle des âmes consumait les plus
sublimes contemplatifs.

Ecoutons Mgr Pie, dans son panégyrique de la B. Marie de
Maillé : « Ne croyez pas qu'en disant adieu aux vaines joies du
monde, notre Bienheureuse se soit concentrée, absorbée dans les
jouissances solitaires d'une spiritualité égoïste. Il est vrai, dans cette
vie mystique et contemplative, une immense part était faite à
Dieu, à la prière, à l'oraison mentale, à la psalmodie, aux longs
offices de l'Eglise, aux lectures spirituelles, à l'adoration de l'Eu-
charistie, au culte des saintes reliques, au soin et à l'ornement
des temples du Seigneur..... mais rassurez-vous, il lui restait

(1) *Ego autem libentissime impendam et superimpendar ipse pro animabus
vestris, licet plus vos diligens minus diligar.* (II. Cor. XII. 15).

encore plus de temps qu'à aucune femme de ce monde pour toutes les œuvres charitables, pour l'assistance spirituelle et corporelle du prochain, et, l'occasion lui en étant donnée, pour le service des intérêts publics de la religion et de la patrie.

« Enfant, elle savait se priver pour nourrir les pauvres, se dépouiller pour vêtir ses compagnes. Epouse, elle trouva bien le secret de devenir mère, en adoptant pour ses propres fils tous les orphelins de l'endroit... Devenue libre, la voyez-vous, après la journée passée dans l'Eglise, attirant le soir les mendiants et les estropiés dans son pauvre réduit, leur rendant les services les plus humbles, les servant de ses propres mains? La voyez-vous, se dévouant aux malades dans l'hôpital, pansant les blessés avec son merveilleux onguent, nettoyant et guérissant les lépreux, assistant les pauvres femmes en couche, ramenant au bien les pécheresses publiques?

« Dans un ordre plus élevé, comme elle attachait un grand prix à la science et à la sainteté des prêtres, elle favorisait de tout son pouvoir les écoles où sont enseignées cette science et cette sainteté.

« Ses préoccupations montaient plus haut encore. La France, en expiation de ses fautes, venait d'être envahie par l'étranger; de son côté, l'Eglise traversait une des plus terribles épreuves de son histoire; on était au schisme d'Occident... Pour de si grands intérêts, elle n'hésitera pas à sortir de sa retraite. Elle portera humblement mais courageusement, ses conseils aux princes de la terre, qui ont foi en sa sainteté et qui ont réclamé le concours de ses lumières, et, en récompense de ses prières, elle eut révélation de la prochaine paix de l'Eglise. » (Mgr Pie, tom. VII, p. 396).

Vingt autres comme elle, plus étroitement cloîtrées encore, ont été poussées par le même esprit. Saint Bernard avait dit au monde un adieu éternel; il s'était enfoncé en des solitudes d'où il pensait bien que personne ne le ferait sortir; mais les intérêts des âmes l'appellent, il s'arrachera aux douceurs de la contemplation pour secourir l'Eglise, pour sauver des âmes. L'ange de Sienne, Catherine, au vol si hardi, puisera dans son amour pour Dieu le dévouement pour les hommes, et partira pour les ambassades les plus étranges et les plus difficiles. N'a-t-on pas dit que du fond de son cloître, par l'ardeur de ses prières, sainte Thérèse a gagné à Jésus-Christ autant d'âmes que saint François Xavier par son merveilleux apostolat?

Oui, toujours la charité pour le prochain va de pair avec l'amour de Dieu. Montez, montez, Séraphins terrestres, élevez-vous dans les hauteurs divines, vous descendrez d'un vol aussi impétueux vers les âmes qui combattent ici-bas.

Or, en passant à une vie meilleure, les âmes ne perdent pas les vertus qui faisaient leur mérite dans celle-ci. Au contraire, elles les perfectionnent. La foi, vision obscure, devient la claire vision; l'espérance se fond sans se détruire dans la possession de l'objet désiré. Si la charité demeure, *manet charitas*, ne croyez pas que ce soit pour garder son imperfection de la terre.

L'amour auparavant captif, dit Bossuet, se dilate, et il s'affranchit en se dilatant. Libre de toute entrave, il s'exercera avec une énergie plus grande; ceux qu'ils ont aimés sur la terre, ils les aimeront plus ardemment au ciel.

Les Saints-Pères, à l'envi, exposent cette belle doctrine. Expliquant la figure du corps mystique, dont Jésus est le chef et tous les saints les membres, saint Chrysostome dit : Nous sommes les pieds, les martyrs sont la tête. Est-ce que la tête peut dire aux pieds : je n'ai pas besoin de vous? Membres glorieux, l'éminence de leur gloire ne les rend pas étrangers aux autres parties du corps. L'œil pourrait-il être lumineux s'il était séparé des autres membres? Mais que dis-je? Quand le Seigneur des martyrs n'a pas rougi d'être notre chef, rougiront-ils d'être nos membres? La charité a plongé ses racines en eux; or la charité se soucie peu de dignité, elle joint et lie tout ce qu'elle atteint. »

Saint Augustin pleurait son ami Nebridius, que la mort lui avait ravi : Et maintenant, dit-il, mon Nébridius, mon doux ami, votre fils adoptif, Seigneur, vit dans le sein d'Abraham. Il ne boit plus mes paroles, mais sa bouche spirituelle, il l'applique à votre source, et il boit votre sagesse, au gré de son avidité; or, je ne crois pas qu'il soit enivré au point de m'oublier, puisque vous, qui l'enivrez, Seigneur, vous ne nous oubliez pas. » (Conf. l. IX, c. 3).

Les apôtres et les martyrs, disait saint Jérôme à Vigilance, priaient pour les autres, parmi les embarras de leurs luttes, et ils ne prieraient plus après la victoire et le triomphe! Saint Étienne obtient la grâce de ses persécuteurs; saint Paul, la vie de ses compagnons de voyage, et, après qu'ils sont glorifiés, Dieu fermerait leur bouche, quand ils le prieraient pour ceux à qui cette bouche a porté l'Evangile! Ils entendraient frapper à leur porte, et ils ne

daigneraient pas venir, ils verraient nos angoisses et ils ferme-
raient leur cœur! s'ils n'avaient pas l'amour du prochain, ils n'auraient pas l'amour de Dieu; car jamais on n'aima Dieu sans aimer
le prochain, ni le prochain sans aimer Dieu. Arrière, cette doctrine odieuse qui ferait mourir la charité où la charité ne meurt
pas, *charitas nunquam excidit.*

Saint Bernard est encore plus explicite : c'est du martyr saint
Victor qu'il parle : « Le vétéran, dit-il, est assis; il jouit des déli-
ces qu'il a méritées et de sa sécurité. Mais tranquille pour lui-
même, il est en sollicitude pour nous. Car en se dépouillant de
la corruption de la chair, il ne s'est pas défait des entrailles de la
miséricorde. Ce n'est pas la terre de l'oubli qu'habite l'âme de
Victor, ni la terre du travail où il serait absorbé, ce n'est pas la
terre, c'est le ciel. Est-ce que la demeure céleste, en recevant les
âmes, les endurcit, les prive de mémoire, les dépouille de pitié?
Non, mes frères, la largeur du ciel ne resserre pas les cœurs, elle
les dilate; elle ne contracte pas les affections, elles les étend. Dans
la lumière de Dieu, la mémoire devient sereine, non pas obscure;
dans la lumière de Dieu, on apprend ce qu'on ne savait pas, on
n'oublie pas ce qu'on savait. »

Et, dans un autre sermon, parlant encore des Saints, il dit : Puissant sur la terre, il sera plus puissant encore dans le ciel. Car si,
pendant sa vie mortelle, il a eu compassion des pécheurs et a prié
pour eux, combien plus, maintenant qu'il connaît mieux nos
misères, priera-t-il pour nous le Père céleste? Cette bienheureuse
patrie ne change pas, mais plutôt augmente la charité. S'il ne peut
plus pâtir, il peut compatir; il a pris des entrailles de miséricorde
à la source de la miséricorde. »

Mais si Dieu, en bon Père, a donné aux Saints du ciel mission
de nous aimer, de nous aider, enfin de s'intéresser à notre salut,
qui ne voit que, du même coup, il fait aux pèlerins d'ici-bas un
devoir de se mettre en rapport avec les Saints, de les honorer, de
les implorer, en un mot de leur rendre le culte qu'ils méritent?
Ils nous aiment, nous devons les aimer; ils daignent s'abaisser
vers nous, nous devons faire effort pour nous élever jusqu'à eux.
Enfin, par notre piété filiale, nous devons entretenir ce commerce
de respect, d'admiration, de dépendance, de reconnaissance et
d'amour qui unit l'Eglise militante à l'Eglise triomphante, jusqu'à
ce que, toutes choses étant consommées, les vivants et les morts

soient assis au même banquet dans les splendeurs de l'immuable éternité.

ENSEIGNEMENTS DE LA LITURGIE

La règle de la prière, est la règle de la foi. *Lex supplicandi, lex credendi.* Les choses du culte, dit Pie IX dans sa bulle de l'Immaculée-Conception, sont intimement liées avec ce qui en fait l'objet (1). Nous saurons quelle importance il faut attacher au culte des saints si, comme nous allons le voir, l'Église ne cesse de nous pousser à imiter leurs exemples, à implorer leur protection.

Deux grandes fonctions surtout constituent la liturgie : l'office canonial et la Messe; deux livres la contiennent : le bréviaire et le missel. Quoique distinctes et séparées, les deux fonctions vont toujours d'une marche parallèle; sauf exception, ce qui confirme la règle, le prêtre, personnage officiel, priant, célébrant au nom de l'Église, après l'office, dit toujours la messe correspondante.

Or, comment se distribuent la célébration de la messe et la récitation de l'office? Ouvrez un missel ou un bréviaire; vous trouvez deux parties : le propre du temps et le propre des Saints. Le premier est l'office de tous les jours, l'office courant, la prière qu'on adresse à Dieu, quand on n'en a pas d'autre. Le propre des Saints est un office ajouté, qui se mêle à la trame liturgique, en rompt la monotonie, et, dans notre commerce avec Dieu, introduit de nouveaux personnages. Grâce à eux, la majesté divine nous semble moins redoutable. Par l'exemple de ses saints, mieux que par ses mystères sublimes, Dieu nous donne des leçons proportionnées à notre faiblesse, et par leurs mains il répand sur nous les grâces que leur intercession nous a obtenues.

Or quelle place est faite aux Saints dans la trame liturgique? De tout temps, l'Église romaine, en les mêlant à notre vie spirituelle, nous a enseigné et fait pratiquer le dogme consolant de la

(1) *Quæ ad cultum pertinent intimo planè vinculo cum ejusdem objecto conserta sunt.*

communion des Saints. Quand une école, voisine de l'hérésie sinon hérétique, a voulu, sous couleur d'antiquité, restreindre le culte des Saints, et composer une liturgie, qu'elle disait plus conforme à la tradition, sa liturgie a été écartée, et ce n'est pas sans peine qu'elle a échappé elle-même à de sévères condamnations. Aujourd'hui c'est la moitié ou même les deux tiers du temps que les Saints ont pris dans le calendrier; et le mouvement ne s'arrête pas. Sauf le chômage, qui n'est plus imposé, le joyeux savetier de la fable pourrait se plaindre encore

> Que Monsieur le Curé
> De quelque nouveau Saint charge toujours son prône.

Par conséquent, presque chaque jour, les prêtres et les religieux qui s'acquittent de la fonction publique de la prière, et tous les fidèles qui suivent le mouvement, en s'occupant de Dieu, songent à ses Saints et les honorent de leurs hommages. Et, comme dans sa liturgie, l'Église, mère des âmes, dit à ses enfants : Venez, que je vous enseigne à glorifier votre Père; venez, que je vous présente à Dieu, avec les paroles que je sais lui être agréables, leur faire honorer les Saints, c'est leur assurer que rien ne plaît davantage à sa divine Majesté.

Suivons-la dans le développement de sa liturgie. C'est matines, l'office de la nuit. Levez-vous, dit-elle, venez, adorons le Roi des apôtres : *Regem apostolorum Dominum venite adoremus.* Venez, adorons le Roi des martyrs, le Roi des confesseurs, le Roi des vierges. Et, comme un agréable refrain, l'invitatoire vient couper régulièrement les versets de la prière. Enfants, ne l'oubliez pas, c'est aujourd'hui la fête d'un apôtre, venez, adorons le Roi des apôtres; c'est un martyr, adorons le Roi des martyrs; c'est un confesseur, adorons le Roi des confesseurs. — Après l'invitatoire ou invitation à la prière de la nuit, une hymne, en l'honneur du Saint, rappelle sa vie, chante sa gloire. Puis viennent la série des psaumes, entremêlés d'antiennes; les leçons de l'Écriture, coupées par des répons. Les psaumes choisis sont, en apparence, des louanges à Dieu, en effet ce sont des louanges aux saints de Dieu. Pour les bien entendre, et aussi pour les bien réciter, il faut se rappeler la vie du Saint et lui appliquer les paroles inspirées du Prophète.

Etudions, dans l'office des apôtres, le premier nocturne de

matines. La première antienne est celle-ci : Le son de leur voix s'est fait entendre à toute la terre, et leurs paroles ont retenti jusqu'aux extrémités du monde. *In omnem terram exivit sonus eorum.* Puis on récite le psaume 18, d'où ce verset est tiré : *Cœli enarrant gloriam Dei.* Les cieux, c'est-à-dire les apôtres, racontent la gloire de Dieu. Il n'est idiome ni peuple qui n'ait entendu leur voix. Ils ont tressailli comme des géants pour fournir leur carrière; partis du haut des cieux, ils ont atteint en leur course, les extrémités du monde; nul ne peut se soustraire à leur chaude influence.

La loi de Dieu, qu'ils annoncent, est immaculée, elle convertit les âmes, elle donne la sagesse aux petits enfants; elle réjouit les cœurs, elle éclaire les yeux. Les sentences du Seigneur sont vraies; elles se justifient par elles-mêmes..... Gloire au Père, au Fils, et au Saint-Esprit.

Le son de leur voix s'est fait entendre à toute la terre, et leurs paroles ont retenti jusqu'aux extrémités du monde.

Nouvelle antienne, *Clamaverunt justi.* Les justes ont crié; ce sont les apôtres dont on célèbre la fête. Qu'ont-ils crié? Ps. 33. Je bénirai le Seigneur en tout temps; sans cesse sa louange sera sur mes lèvres. Glorifiez le Seigneur avec moi. Disons ensemble la gloire de son nom. Approchez de lui et soyez illuminés; goûtez et voyez combien le Seigneur est doux. Venez, enfants, écoutez-moi; que je vous enseigne la crainte du Seigneur. Détournez-vous du mal, faites le bien. Les yeux du Seigneur sont sur les justes; ses oreilles sont ouvertes à leurs prières. La mort des pécheurs est misérable; il délivrera les âmes de ceux qui le servent.

Ne croirait-on pas entendre les échos de la prédication évangélique? Gloire au Père, au Fils et au Saint-Esprit, pour la clameur bienfaisante de ces justes. *Clamaverunt justi.*

Un troisième psaume, le 44°, qui s'entend surtout du Messie, est appliqué ici aux apôtres. Récité à cette lumière, il prend une couleur tout apostolique. *Eructavit cor meum verbum bonum.* Mon cœur a répandu la bonne parole, le Verbe. Tout à l'heure, ils annonçaient les vérités morales, maintenant ils chantent le Verbe incarné, le plus beau des enfants des hommes, dont les lèvres distillent la grâce, dont la beauté fait plus de conquêtes que le glaive; autour de qui les âmes, oublieuses de leurs proches et de la maison paternelle, s'assemblent et se pressent avec amour. Oui, les peuples vous célébreront à jamais et dans les siècles des siècles. — Après les psaumes, les leçons. C'est un extrait de l'Écriture, qui nous décrit les caractères d'un apôtre, ministre du Christ, dispensateur des mystères de Dieu, qui nous raconte ses travaux, ses souffrances, ses persécutions, son amour pour les âmes.

Et chaque leçon est coupée par un répons, où les paroles, tirées de l'Évangile, célèbrent encore l'apostolat.

Voici, dit le Seigneur, que je vous envoie comme des brebis au milieu des loups. Soyez donc prudents comme des serpents et simples comme des colombes. Prenez mon joug sur vos épaules, et apprenez que je suis doux et humble de cœur; mon joug est suave et mon fardeau léger; et vous trouverez le repos pour vos âmes. Quand vous serez devant les rois ou les présidents, ne vous inquiétez pas de ce que vous répondrez. Car à l'heure même il vous sera donné ce que vous aurez à répondre. Ce n'est pas vous qui parlerez, mais l'esprit de votre Père, qui parlera par votre bouche.

Au second nocturne, même travail, mêmes applications. Les leçons cette fois sont historiques; elles racontent en abrégé la vie du Saint, que l'Église, par ce récit, propose à notre imitation.

Au troisième nocturne, encore des psaumes entremêlés d'antiennes semblables; mais cette fois les leçons, tirées d'une homélie sur l'Évangile, sont l'application authentique des exemples racontés, et l'exhortation à marcher sur de si nobles traces. Et quand l'office de la nuit touche à sa fin, le chant d'action de grâces, le *Te Deum* retentit pour remercier Dieu de la gloire du Saint, et des grâces que l'office a méritées à ceux qui viennent de le réciter.

Inutile de montrer que dans les autres parties de l'office, autour de la psalmodie, presque toujours la même, des versets, des antiennes, des oraisons, ramènent comme en cadence l'esprit et le cœur à l'idée principale, le culte du Saint. Ne nous attardons pas à admirer, après la vaillance des apôtres, dans les autres catégories de Saints, la constance des martyrs, le zèle des pontifes, la piété des confesseurs; respirons un instant le parfum plus délicat de la virginité.

Venez, adorons le Roi des vierges. *Regem virginum Dominum, venite adoremus.* Oh! qu'elle est belle et glorieuse la génération des âmes chastes! Devant le lit de repos de cette vierge, faites-nous entendre de doux cantiques. Reviens, reviens, Sunamite, reviens, reviens, que nous te voyions. Avec ta grâce et ta beauté avance heureusement et règne.

Les leçons, tirées des épîtres de saint Paul, sont la louange de la virginité. Et, comme dans l'office des apôtres, les répons sont un refrain qui met en saillie les enseignements du récit.

Viens, ma préférée, que j'établisse ma demeure dans ton âme; le Roi est charmé de ta beauté, la grâce est répandue sur tes lèvres, c'est pourquoi Dieu t'a bénie à jamais. Entraîne-nous après toi; nous courons à l'odeur de tes parfums, ton nom est un baume répandu. Viens, épouse du Christ, reçois la couronne que Dieu t'a préparée à jamais.

Voilà la vierge sage, que le Seigneur a trouvée vigilante, qui, avec sa lampe, avait aussi de l'huile. Quand, au milieu de la nuit, le cri s'est fait entendre : Voici l'époux, sortez à sa rencontre, elle s'est trouvée prête, et elle est entrée avec lui dans la salle du festin.

Gloire au Père, au Fils, et au Saint-Esprit; voici l'époux, vierges prudentes, accourez, votre lampe à la main.

Quelle aimable et puissante invitation à pratiquer de semblables vertus que tous ces versets qui vont, viennent, reviennent encore et occupent toutes les parties de l'office! La leçon est vivante; elle ne peut manquer d'être efficace.

Et, pour qu'on ne s'y trompe pas, l'Église, dans l'oraison de la fête, où elle condense ce que la vie du Saint renferme de meilleur, nous engage à l'imiter d'abord, à l'invoquer ensuite.

O Dieu, dit-elle en la fête de saint Louis de Gonzague, qui distribuez vos dons célestes entre les saints, accordez aux mérites et aux prières de l'angélique Louis, que, ne l'ayant pas suivi dans son innocence, nous l'imitions dans sa pénitence.

O Dieu, qui avez donné au bienheureux François (de Carracciolo), fondateur d'un nouvel ordre, de se rendre illustre par l'amour de la prière et le zèle de la pénitence, accordez à vos serviteurs de profiter si bien de ses exemples que, priant sans cesse et réduisant leur corps en servitude, ils méritent de parvenir à la gloire céleste.

O Dieu, qui avez rendu admirable pour sa charité envers les pauvres, la bienheureuse Marguerite, reine (d'Ecosse), accordez à ses intercessions et à ses exemples que notre charité croisse sans cesse dans notre cœur.

L'oraison de saint Guillaume est comme la formule de ce que nous prouvons.

O Dieu, qui pour aider notre faiblesse dans notre marche vers le ciel, avez mis dans vos saints notre modèle et notre secours, accordez-nous d'honorer si bien les mérites du B. Guillaume, abbé, que nous profitions de ses suffrages et que nous marchions sur ses traces.

Inutile de citer encore; l'intention de l'Eglise est manifeste : par sa liturgie, elle invite ses enfants à rendre aux Saints un culte de piété filiale, et le but qu'elle se propose, c'est d'abord de nous instruire et de nous animer par leurs exemples, puis, de nous assurer de leur part une protection qu'elle nous garantit et dont nous ne pouvons nous passer.

Etudions maintenant l'acte suprême de la religion, la sainte messe, autour de laquelle gravitent toutes les parties de l'office. Il semble que, dans ce sacrifice auguste, où un Dieu s'est fait victime pour nous permettre d'adorer, comme il convient, un Dieu d'une majesté infinie, les assistants devraient oublier tout, et que dans cet autre firmament, les étoiles devraient s'éteindre quand apparaît le soleil.

Sans doute, c'est à Dieu seul que le sacrifice est offert, mais c'est en l'honneur des saints. On chante à la fois les louanges du Maître et la gloire de ses serviteurs; on monte jusqu'au trône du Roi des rois, mais en passant devant les trônes où siègent ces rois créés. La grâce demandée descend des hauteurs divines, mais elle passe par les mains des Saints.

Le sacrifice est offert sur un autel, sur la pierre, qui est le Christ, mais cette pierre est posée sur le tombeau des Saints. Un autel ne pourrait pas être consacré, s'il n'avait pas un tombeau et des reliques.

Après les prières préparatoires, l'Introit, le Graduel, l'alleluia, l'Evangile, ce qu'on appelait la messe des catéchumènes, voici l'action *(infra actionem)* à laquelle, tant elle est solennelle, les étrangers ne sont pas admis; c'est le Canon de la messe. Le prêtre, profondément incliné, supplie la majesté divine d'avoir pour agréable, de bénir l'hostie sainte, le sacrifice immaculé par Jésus-Christ Notre Seigneur; il avance dans l'action sacrée, la consécration approche, il se fait un cortège de tous les Saints.

En communion et en mémoire de tous les Saints, dit-il, surtout de la B. Vierge Marie, des apôtres et martyrs, enfin de tous les bienheureux, accordez-nous, par leurs mérites et prières, d'être aidés en toutes choses du secours de votre protection.

Le sacrifice est consommé; après la consécration, le prêtre se recommandant de la passion, de la résurrection, de l'ascension du Fils de Dieu, offre l'hostie pure, sainte, immaculée, qu'il fait porter, par les anges de Dieu, jusqu'au trône de Sa Majesté. De l'Église triomphante, il passe à l'Église souffrante, puis à l'Église militante, qui, hélas! peut s'appeler aussi l'Église *péchante*. *Nobis quoque peccatoribus*, et là de nouveau, il évoque une longue suite de saints, dans la société desquels il demande que, par la miséricorde divine, nous soyons admis.

Ainsi, autour de l'autel, dans l'acte le plus solonnel de la religion, alors qu'on devrait, ce semble, ne penser qu'à l'auguste victime du sacrifice, les Saints sont invoqués, appelés, comme si la fonction ne pouvait se faire dignement sans eux.

En dehors de l'office et de la messe de chaque jour, de ce qu'on pourrait appeler le train ordinaire de la vie chrétienne, quand les circonstances sont devenues plus graves ou plus solennelles, qu'il s'agit d'écarter une calamité publique, une peste, une famine, ou d'obtenir une de ces grâces qui intéressent tout un peuple, l'Église, par les grandes litanies ou l'invocation des Saints, tente de fléchir le courroux du ciel ou de le rendre favorable.

Jadis les litanies revenaient plus souvent; elles suivaient les gémissements plaintifs des psaumes de la pénitence, dans les féries du carême. Elles demeurent encore aux rogations, quand le peuple demande à Dieu de bénir ses campagnes, et, en préparant une bonne récolte, d'assurer le pain qui le nourrira. On a recours encore aux litanies, quand le soleil se cache trop longtemps derrière des nuages humides, ou quand, au contraire, il s'obstine à brûler de ses rayons implacables une terre desséchée.

Qu'il s'agisse, non plus d'écarter un fléau, mais d'obtenir à l'Église des grâces spirituelles éminentes, les Saints du ciel sont encore invoqués. C'est une ordination qui donnera des prêtres, des ministres sacrés, ce sel de la terre, sans lequel elle s'affadit et se corrompt; c'est une profession religieuse qui consacre à Dieu des âmes d'élite, paratonnerre vivant qui écarte la foudre de la tête des pécheurs; sur les candidats prosternés, la face contre terre, les litanies obtiendront qu'ils soient bénis, sanctifiés, consacrés.

Sans l'invocation des Saints, qui abaisse le ciel jusqu'à nous, la terre, laissée à sa faiblesse et à sa misère, n'espérerait pas obtenir ce que réclamait son indigence.

Enfin le chrétien touche-t-il au terme de son laborieux pèlerinage, le prêtre qui l'assiste demande aux Saints de soutenir le moribond et de lui ouvrir les portes éternelles.

Il les évoque d'abord par des litanies plus courtes; puis, comme assuré de leur présence, il s'adresse au malade : Partez, dit-il, âme chrétienne, partez au nom de Dieu, au nom de tous les anges et de tous les Saints du paradis.

Et vous, brillante assemblée des anges, venez à sa rencontre; venez, grave sénat des apôtres, venez, armée triomphante des martyrs, troupe immaculée des confesseurs, chœur jubilant des vierges, venez et l'introduisez dans le sein des patriarches; qu'enfin l'aimable Jésus lui apparaisse et l'établisse parmi les bienheureux qui composent sa cour.

Et quand le moribond rend l'âme : Venez à son secours, Saints de Dieu; accourez, anges du Seigneur, portez son âme devant le trône du Très-Haut. Et maintenant, Seigneur, donnez-lui le repos éternel et qu'il soit éclairé de la lumière sans déclin. Amen.

En vérité, l'Église de Dieu pouvait-elle nous enseigner plus clairement, nous presser plus vivement de recourir aux Saints du paradis? Non, ce ne serait pas être chrétien que de refuser une dévotion tendre, un culte de tous les jours à des frères qui accompagnent si fidèlement tous nos pas, qui nous préservent de tant de maux, nous obtiennent tant de grâces et enfin ne se donnent de repos qu'après nous avoir faits participants de leur éternelle félicité.

Qu'à rendre un culte aux bienheureux habitants du ciel il y ait gloire pour Dieu, honneur pour les Saints, profit pour les hommes, on n'en saurait douter; aussi, tout chrétien digne de ce nom leur fait-il dans sa piété une place notable. Mais quand on a le choix entre tant de héros authentiquement placés sur les autels, s'adresser à de saints personnages qui n'ont pas reçu les honneurs de la canonisation, n'est-ce pas faire fausse route, et, par une dévotion mal entendue, risquer le bien de son âme?

Or, c'est précisément notre cas. Aucun de ceux que nous appelons *les Serviteurs de Dieu de la Congrégation*, ni le vénérable fondateur, le P. Coudrin, ni les martyrs de la Commune, les

PP. Ladislas, Polycarpe, Marcellin et Frézal, ni l'apôtre des lépreux, le P. Damien, ni les autres, dont nous esquisserons les traits, ne sont ni canonisés ni béatifiés. Aussi ne réclamons-nous pour eux aucun de ces actes, aucune de ces marques de vénération que l'Église réserve à ceux dont elle proclame authentiquement et infailliblement la sainteté. Pour ces derniers seulement qu'il demeure établi, que 1° leurs noms sont inscrits dans les calendriers ecclésiastiques, les martyrologes, les litanies et les autres dyptiques sacrés ; 2° qu'on les invoque publiquement dans les prières et dans les offices solennels ; 3° qu'on dédie sous leur invocation des temples et des autels ; 4° qu'on offre en leur honneur le sacrifice du corps et du sang de Jésus-Christ ; 5° qu'on célèbre le jour de leur fête, c'est-à-dire, l'anniversaire de leur mort ; 6° qu'on expose leur image dans les églises, avec une couronne de lumière appelée *auréole*, qui environne leur tête ; 7° enfin, que leurs reliques sont offertes à la vénération du peuple et portées avec pompe dans les processions solennelles. » (Benoît XIV).

Nous conformant au décret du Pape Urbain VIII (13 mars 1625) ce n'est que sauf l'approbation de l'ordinaire que nous raconterons l'histoire de leur vie, de leurs vertus et de leurs miracles ; s'il nous arrive de les appeler saints ou bienheureux, nous déclarons ne pas vouloir prévenir le jugement de l'Église, mais seulement exprimer le sentiment personnel que nous avons de leur perfection et de l'excellence de leurs mérites.

Disons plus : entre un Saint canonisé par l'Église et le personnage le plus recommandable pour ses vertus, nous faisons une grande différence. Avant de lui décerner l'honneur suprême, le plus grand qu'un homme puisse recevoir ici-bas, l'Église, colonne et fondement de vérité, juge compétent de la sainteté véritable, soumet le héros à des enquêtes minutieuses ; elle étudie avec une sévérité redoutable sa doctrine et ses mœurs ; la doctrine a été trouvée sans erreur, ses mœurs sans tache ; erreur ou tache aurait fait perdre le procès. Exempt de tout reproche, il a pratiqué en outre les vertus théologales et morales au degré héroïque, c'est-à-dire avec une perfection supérieure aux forces du commun des hommes. Un Saint est un héros, une sorte de demi-Dieu. Et l'Église, en le plaçant sur les autels, c'est-à-dire, en le proposant comme modèle, garantit qu'à l'écouter on ne se trompera pas, qu'à le suivre on ne s'égarera pas, qu'à l'invoquer on sentira la protection d'un ami de Dieu. Comme un seul dogme défini par l'Église, même quand il tient en trois mots, comme ceux-ci : *Marie est immaculée, le Pape est infaillible,* est plus précieux pour l'illumination des âmes que des volumes de révélations privées, de même un Saint canonisé, un héros authentique vaut mieux, pour la vie de l'Église, qu'une foule d'âmes sauvées, mais ordinaires.

Et cependant, si les paroles intérieures, si les révélations privées, sans valoir jamais un verset de l'Écriture, ne laissent pas de faire avancer à grands pas les âmes qui en sont honorées, de même le culte des Saints non canonisés, quoique inférieur au culte authentique, garanti par l'Église, peut apporter aux âmes d'immenses avantages. Aussi l'Église qui garantit l'un, n'a garde de proscrire l'autre.

« Je soutiens, dit le cardinal Bellarmin, que l'Église ne défend rien au delà des pratiques que nous avons énumérées, que les simples fidèles peuvent en particulier regarder comme bienheureux ces *Serviteurs de Dieu,* c'est-à-dire, les estimer dignes des honneurs de la canonisation, et, en un sens, leur donner même le titre de Saints; qu'on peut être pénétré pour eux de la vénération qu'inspire la sainteté; qu'on peut dans ses besoins les invoquer avec confiance et solliciter leur intercession auprès de Dieu; qu'il est permis de célébrer une espèce de fête ou de réjouissance le jour de leur mort, permis enfin de garder, en dehors des lieux sacrés, leurs images avec dévotion, et leurs reliques avec décence. »

Simples fidèles, vous avez eu le bonheur de vivre avec un homme qui, pour sa sainteté, vous semblait très agréable à Dieu; vous gardez pieusement son souvenir; à genoux sur sa tombe, les yeux pleins de douces larmes, le cœur débordant de charité, vous croyez sentir palpiter sa cendre, son âme s'unir à la vôtre, et d'un vol rapide vous emporter vers le trône de Dieu, ne craignez pas, ce n'est pas une illusion, et votre Mère, la sainte Église, n'aura garde d'arrêter vos élans.

Après tout, est-il donc si difficile d'être un Saint et d'arriver au ciel? Pour avoir la douce confiance que nos parents, que les amis que nous pleurons jouissent du bonheur éternel, il suffit d'avoir assisté à leur mort chrétienne, couronnement de leur vie de piété, et d'avoir respiré le parfum céleste qui se dégage de leur dépouille sanctifiée par les sacrements de l'Église.

Or, entre tant de religieux et religieuses qui, mourant dans le sein de la religion, sont entrés dans le sein de Dieu, puisque de la cellule au ciel, nous dit saint Bernard, le passage est si facile, *facilis de cella in cœlum transitus,* nous choisissons ceux qui ont mené la vie la plus sainte ou fait la mort la plus héroïque.

Peut-on douter, par exemple, que le fondateur d'une congrégation, qui a but de réparer les outrages faits au Cœur de Jésus, qui depuis cent ans, nuit et jour sans aucune interruption, a député nombre de ses enfants devant le tabernacle, qui poursuit sa course à travers les tempêtes où elle aurait dû sombrer et se fortifie par les persécutions mêmes qui devaient la faire périr, ne soit pas près du Dieu que servent ses enfants, les suivant du regard, intercédant pour eux et leur obtenant toute sorte de grâces?

Et nos quatre Pères, dont la mort sous la Commune a eu tous les caractères du vrai martyre, en se présentant à Dieu, empourprés d'un sang répandu pour sa cause, auront-ils été tenus à la porte du paradis? Si c'est faire injure à des martyrs de prier pour eux, que serait-ce de douter de leur salut? Qu'avant d'autoriser un culte officiel, pour prévenir des abus trop faciles en pareille matière, l'Église se réserve de porter son jugement, c'est sagesse; mais nous, qui avons vu leur martyre, saintement fiers devant les hommes de l'honneur que nous avons reçu, nous avons pleine confiance devant Dieu dans la puissance de nos frères.

Ainsi du P. Damien : touché de la misère physique et morale des lépreux, que la force publique a parqués à Molokaï, il demande la permission de s'enfermer avec eux; de se vouer à la lèpre, de se faire lépreux pour consoler des lépreux, et ce martyre a duré dix-huit ans, et la lèpre l'a dévoré. En paraissant au tribunal de Jésus, qu'il a si bien imité, est-ce qu'une sentence de réprobation aurait pu atteindre cette glorieuse ignominie? Non, non, à invoquer un tel héros, il ne saurait y avoir imprudence. Ce n'est pas un réprouvé qui a fait tressaillir d'admiration la Belgique, l'Angleterre et la France, l'Amérique et l'Océanie; ce n'est pas un réprouvé qui abrite et alimente l'Institut Damien, ni qui prépare aux îles lointaines des légions d'apôtres.

Que dis-je? Au lieu de blâmer un culte, raisonnable, prudent, réservé, soumis à son autorité en attendant qu'elle décide, l'Église au contraire approuve et encourage ce mouvement de la piété populaire. Si, dans la procédure de canonisation, il faut prouver d'abord que le serviteur de Dieu n'a été l'objet d'aucun culte prématuré, il faudra démontrer aussi que la rumeur publique, que la confiance des fidèles frayait les voies à la sentence glorieuse. Ainsi la dévotion privée aura préparé le culte authentique ; grâce à elle, les *Serviteurs de Dieu* deviendront progressivement *vénérables, bienheureux, saints*.

Mais encore, n'est-ce pas mal placer sa dévotion que de s'adresser à des personnages respectables, il est vrai, mais peu illustres, peu connus et, par là même sans doute, moins puissants auprès de Dieu, alors que l'Église nous propose une nuée de héros plus authentiques, et, par conséquent plus grands ?

Sans vouloir mesurer la grandeur des Saints, et, tout en convenant autant qu'on voudra, que nos *Serviteurs de Dieu* ne sont pas comparables à ces puissants fondateurs qui s'appellent Benoît, François d'Assise, Dominique, Ignace, ni à ces illustres martyrs, Etienne et Laurent et tant d'autres qui ont rempli les siècles de leur gloire, ni à ces héros de la charité, qui sont Jean de Dieu, Vincent de Paul, Claver, nous dirons que, bien inférieurs à leurs glorieux devanciers, ils ne laisseront pas de nous être plus utiles.

Il ne faut pas croire en effet que le degré de sainteté soit la mesure de la dévotion pour les Saints. Comme on doit aimer de préférence, d'après la doctrine de saint Thomas, non les plus parfaits, c'est-à-dire les plus proches de Dieu, mais les plus proches de soi, ainsi dans le culte des Saints, les fidèles choisissent, et ils font bien, ceux qu'ils connaissent mieux.

De quoi saint Thomas, qui traite précisément cette question, donne plusieurs raisons remarquables. Quoique les Saints supérieurs, dit-il, soient plus agréables à Dieu que les inférieurs, il est utile cependant d'invoquer ces derniers. D'abord parce que les fidèles éprouvent quelquefois plus de dévotion pour un Saint moindre que pour un Saint plus grand ; or, c'est de l'ardeur de la dévotion que dépend l'efficacité de la prière (Suppl. q. 72 a. 2. ad 2).

Mais pourquoi les fidèles éprouvent-ils une dévotion plus grande pour celui-ci que pour celui-là ? Parce que tel Saint les touche de plus près. C'est un évêque, qui a évangélisé leur pays ; c'est un martyr qui l'a fécondé de son sang ; c'est un moine qui a fondé tel couvent et y a vécu de leur vie. Est-il plus grand que ceux-ci ou que ceux-là ? Qu'importe ? Il est Saint, il me touche ; je l'invoque sans m'occuper des autres. Ainsi pensent et agissent les diocèses, les nations, les familles religieuses. Saint Denys reçoit des honneurs à Paris, saint Irénée à Lyon, saint Martial à Limoges, saint Saturnin à Toulouse, saint Romain à Rouen; que sais-je? il faudrait parcourir tous les diocèses pour épuiser tous les exemples à l'appui. De même la France honore saint Louis, l'Espagne saint Herménégilde, l'Autriche saint Henri, la Hongrie saint Étienne, l'Angleterre saint Édouard.

Ainsi font les ordres religieux. Rien qu'à voir les statues qui ornent les cloîtres, vous savez chez qui vous êtes. Chez des Bénédictins, vous rencontrez saint Benoît, saint Maur, saint Grégoire, saint Augustin, ou tel autre grand moine qui a illustré telle abbaye. Les statues de saint François d'Assise, de saint Bonaventure, de saint Antoine de Padoue, vous indiquent un couvent de Franciscains. Chez les Dominicains, on vous montre saint Dominique, saint Thomas, saint Pie V. Dans la compagnie de Jésus, ne cherchez pas d'autres images, d'autres autels que ceux de saint Ignace, de saint François-Xavier, de saint Louis de Gonzague, bref, d'un saint de la Compagnie.

Entrez dans un monastère de religieuses, sainte Claire vous dira que vous avez affaire à des Clarisses; sainte Thérèse que vous êtes au Carmel; sainte Chantal, à la Visitation.

Est-ce esprit de corps exagéré? En rendant à leurs saints un culte de préférence, les Bénédictins placent-ils saint Benoît au-dessus de saint François; les Jésuites, saint Ignace au-dessus de saint Dominique; les Visitandines, sainte Chantal au-dessus de sainte Thérèse? A Dieu ne plaise : une dévotion qui blesserait l'humilité, et, plus d'une fois la vérité, ne saurait être agréable à Dieu, et la sagesse de l'Église aurait bientôt fait justice de cette témérité.

La raison est que chaque saint a sa place naturelle au lieu qu'il glorifia : un apôtre est le patron du diocèse qu'il créa; un roi, celui du pays qu'il gouverna; un religieux, du monastère, de l'ordre qu'il fonda; églises, pays, couvents, s'adressent avec plus de dévotion aux Saints qui vécurent chez eux.

D'autre part, — c'est une autre raison de saint Thomas, — Dieu voulant glorifier tous ses Saints, les petits comme les grands, réserve la dispensation de certaines grâces aux uns plutôt qu'aux autres, et, quoi qu'en aient dit les Jansénistes, de par sa volonté, il n'est pas indifférent de s'adresser pour telle grâce à tel saint plutôt qu'à un autre. Ainsi que le déclare Pie VI, condamnant le synode de Pistoie, avec un texte de saint Augustin : Dieu, qui distribue à chacun ses faveurs, comme bon lui semble, n'a pas voulu que les mêmes prodiges fussent opérés en souvenir de tous les Saints. *Ita Deus nec in omnibus memoriis Sanctorum ista fieri voluit, qui dividit propria unicuique prout vult. (August.).*

Comprendrait-on, par exemple, qu'au ciel saint François d'Assise négligeât les Franciscains pour les Bénédictins ; saint Ignace, les Jésuites pour les Dominicains ; sainte Thérèse, les Carmélites pour les Visitandines ? Non, la religion, comme la charité, est bien ordonnée ; et les pratiques naïves des fidèles, fréquentant de préférence tel pèlerinage, s'adressant pour telle grâce à tel Saint, ne se trompent pas de chemin et sont fondées sur la raison.

Supposez donc un enfant des Sacrés-Cœurs, religieux ou associé, voulant obtenir de Dieu les grâces propres de son état, la perfection religieuse, l'intelligence du Sacré-Cœur de Jésus et du Cœur immaculé de Marie, la dévotion réparatrice au T. S. Sacrement, à quel Saint s'adressera-t-il de préférence ? Sa pensée n'ira-t-elle pas tout droit au fondateur ? Et puisque Dieu avait choisi ce même fondateur pour susciter dans l'Église une famille religieuse qui poursuivrait ce but, n'est-il pas naturel qu'il lui continue au ciel la mission de protéger son œuvre ? Pour cela il faut qu'il lui confie la portion de grâces préparées pour cette fin.

C'est un missionnaire, que Dieu a attiré à l'Institut par le récit de la vie et de la mort du P. Damien. L'obéissance l'enverra continuer l'œuvre du héros auprès des lépreux de Molokaï, ou d'autres lépreux océaniens, ou enfin aux missions en général dans ces îles lointaines. Nous comprendrons que missionnaire il soit dévot au grand apôtre des Indes, à l'héroïque François-Xavier, mais quand il voudra spécifier les grâces dont il a besoin, qu'il demandera non plus d'être un bon missionnaire quelconque, mais un missionnaire de l'Océanie, un missionnaire des Sacrés-Cœurs, il s'adressera au P. Damien.

Enfin, dans les temps orageux que nous traversons, quand tout nous présage une révolution, dont la Commune de 1870 n'était que le prélude, en prévision des luttes à soutenir, des persécutions, du martyre même à endurer, vers qui monteront nos prières, sinon vers les victimes innocentes et pacifiques qui tom-

bèrent sous les balles des communards? Pour des situations semblables à la leur et pour leurs frères en religion, nos martyrs sont
des patrons tout indiqués. Aux martyrs en général demandons la
grâce de la constance, de l'amour du Christ; à nos Pères nous
demanderons de nous ouvrir le petit chemin où ils se sont engagés.

Et par là sera réalisé le plan de Dieu. Il veut que tous ses amis,
plus grands ou plus petits, soient honorés. Qui mieux que nous
honorera ces petits saints, cachés, inconnus, oubliés des hommes?
Si nous les oublions, qui s'en souviendra? Et si nul ne s'en sou-
vient, comment seront-ils honorés?

C'est donc mieux qu'une chose convenable d'aller à nos Saints
et à nos martyrs plutôt qu'à d'autres, quoique nous confessions
qu'ils sont moins illustres; c'est une chose voulue de Dieu, c'est
une pratique qu'il bénira, en nous accordant les grâces qu'il a
déposées pour nous entre leurs mains.

Ne craignons donc pas de faire œuvre imprudente en adressant
nos hommages et nos prières à des personnages dont la vertu fut
éminente, bien qu'elle n'ait pas reçu la consécration officielle et
authentique. Nous nous garderons sans doute de prévenir par un
culte indiscret le jugement de l'Église, seule infaillible; mais nous
ne laisserons pas de leur témoigner notre vénération et notre
confiance. Peut-être notre piété filiale obtiendra-t-elle la gloire
qui leur manque et déterminera-t-elle le procès de leur
canonisation.

Que surtout la pensée qu'il est des Saints plus illustres ne nous
détourne pas de rendre hommage à des Saints plus cachés. Plus
près de nous parce qu'ils sont plus nôtres, ils nous seront plus
utiles parce qu'ils sont plus petits.

C'est dans ce but que nous retracerons la vie de nos chers *Serviteurs de Dieu*. Puissions-nous travailler en même temps qu'à la
gloire de Dieu, à l'honneur de nos amis du ciel et à l'édification
de nos frères d'ici-bas!

LE BON PÈRE

CHAPITRE I

LE PAYS ET LA FAMILLE DU BON PÈRE. — SES PREMIÈRES ANNÉES. — SON ORDINATION A PARIS. — SA RETRAITE A LA MOTTE-D'USSEAU. — SON MINISTÈRE APOSTOLIQUE PENDANT LA RÉVOLUTION. — Melle AYMER DE LA CHEVALERIE. — L'ASSOCIATION DU SACRÉ-COEUR. — LA CONGRÉGATION FONDÉE A POITIERS. — Mgr DE CHABOT; FONDATION A MENDE.

Le premier dans l'ordre du temps et sans doute aussi dans celui du mérite est le fondateur de la Congrégation, le Père Coudrin, que ses enfants ont pris l'habitude d'appeler le Bon Père.

Il naquit à Coussay-les-Bois, petit bourg situé sur les limites de la Touraine et du Poitou, d'une famille patriarcale, digne par ses vertus, de donner le jour à un saint.

Son père, François-Abraham Coudrin, cultivateur aisé, presque riche, au milieu des travaux de la campagne, savait se créer des loisirs pour vaquer à la prière. Chaque jour, à l'exemple de Job, il priait Dieu de préserver ses enfants de tout péché et pour cela il récitait les sept psaumes de la pénitence; il n'était pas rare qu'il passât plusieurs heures de suite devant le Saint-Sacrement.

Aussi charitable que pieux, il faisait d'abondantes aumônes, et avec la discrétion évangélique qui laisse ignorer à la main gauche le bien fait par la droite. Quand son fils fut devenu prêtre, homme de foi vive qu'il était, par respect pour le caractère sacré, il cessa de le tutoyer, et abrita sa vieillesse dans la maison de Poitiers, où, par ses adorations prolongées, secondant les vues réparatrices de son fils, il s'efforçait de réparer, disait-il, les irrévérences commises dans le saint lieu.

La mère du serviteur de Dieu, Marie Riom, était la digne compagne de ce fervent chrétien. Pour former ses enfants à la piété, elle les menait devant une statue de sainte Anne, et là leur enseignait à dire le chapelet et à prier.

François Riom, frère de Mme Coudrin, était prêtre. Après avoir donné, dans les fonctions du saint ministère, des marques d'une haute vertu, quand la révolution éclata, il refusa énergiquement le serment schismatique et mérita de finir sa vie sur les affreux pontons de Rochefort.

Les autres membres de cette religieuse famille ne la déparaient pas; et, comme si ce milieu chrétien ne devait pas suffire à l'épanouissement du futur fondateur, un autre saint prêtre, le vénérable abbé Fournet, fondateur des Sœurs de Saint-André, contribua par ses leçons et ses exemples à développer dans l'âme de l'enfant les germes de la piété naissante.

Après avoir passé environ quatre ans sous la conduite de l'abbé Riom, le jeune Coudrin fut placé au collège de Chatellerault pour y achever ses études littéraires. Nous savons seulement que, pendant les vacances, il s'exerçait à la prédication, et qu'à ses sermons, au dire de sa sœur, il mettait tant d'onction et de feu qu'il valait un prédicateur.

En 1785, il suivit à Poitiers le cours public de philosophie, et prit le grade de licencié. En toutes choses, disait-on, il s'est conduit avec sagesse et piété.

En 1787, il entre en théologie. Les certificats deviennent plus élogieux. Piété, modestie, sagesse, talents, application, succès constants; ses maîtres attestent qu'il a toujours donné des exemples éclatants de sagesse et de modestie.

Quelle candeur dans cet élève, dira plus tard son ancien maître devenu évêque, Mgr Brault, quelle pieuse pénétration des matières les plus élevées, quelle angélique vertu! Il ne perdait jamais la présence de Dieu.

Des épreuves affligèrent sa famille; le jeune clerc, pour consoler ses parents, fait valoir à leurs yeux les plus nobles motifs de la foi. Nous ne devons craindre, disait-il, ni pleurer que le péché.

Des procès injustes, suscités à ses parents, pouvaient entraver sa vocation. Il ne perd pas confiance : disons avec notre bon Maître, leur écrit-il, s'ils ont pouvoir sur nous, c'est que Dieu le permet. Pardonnons tout. Quelque mal qu'ils nous fassent, mourons en état de grâce; la Providence n'abandonne pas les justes.

Elle ne l'abandonna pas. Le 3 avril 1790, il reçut la tonsure, les

Maison natale du Père Coudrin à Coussy-le-Bois.

ordres mineurs et le sous-diaconat. Comme la révolution précipitait sa course, on avait hâte de faire avancer dans les ordres ceux qui déjà étaient irrévocablement consacrés. Le 18 décembre de la même année, Pierre Coudrin reçut le diaconat.

Le nouveau diacre ne tarda pas à exercer son zèle pour la prédication ; mais pour satisfaire efficacement aux besoins des âmes, le sacerdoce lui était nécessaire. Or, à cette époque terrible, la plupart des évêques avaient dû chercher une retraite dans les pays voisins. M. Coudrin obtint des grands vicaires de Poitiers un dimissoire qui l'autorisait à recevoir la prêtrise des mains de tout évêque en communion avec le Saint-Siège. Il apprend que Mgr François de Bonald, évêque de Clermont, vit caché à Paris ; malgré la longueur du chemin, la difficulté des communications et les dangers de toute nature, il n'hésite pas à partir. Il arrive au mois de février. Après maintes recherches, il parvint à le découvrir, et, le 4 mars 1794, tandis que, dans la chapelle envahie du Séminaire des Irlandais, les révolutionnaires tenaient leur club, lui, dans la bibliothèque du même séminaire transformée pour le moment en oratoire, en présence de quelques rares témoins, reçut des mains du vénérable évêque la consécration sacerdotale.

A peine ordonné, et encore incertain de sa voie, le nouveau prêtre revint chez son père, à Coussay. Le curé de la paroisse lui fit célébrer la messe. Mais le pasteur dut faire place à un intrus et s'éloigner de son troupeau. Le maire, grand partisan des idées nouvelles, réclama de l'abbé Coudrin, qui était demeuré, que le dimanche, à la messe, il annonçât l'arrivée du nouveau curé. Le jeune prêtre prend la parole, mais au lieu d'en faire usage pour frayer la voie à l'intrus, il annonce d'un ton ferme aux fidèles étonnés qu'un faux pasteur va se présenter. Les révolutionnaires entrent en fureur. Armés de piques et de bâtons, ils se portent en nombre vers la maison de M. Coudrin. Il n'eut que le temps de se sauver. Ses parents, fidèles comme lui, portèrent l'effort de la persécution.

Le fugitif se rendit à Poitiers afin d'obtenir de M. de Bruneval, administrateur du diocèse, le pouvoir nécessaire pour l'exercice de son zèle ; après quoi, il se retira chez un parent, M. Maumain, fermier au château de la Motte-d'Usseau, où il espérait exercer encore son ministère. Mais la révolution grandissant toujours, il dut y demeurer caché.

Un petit grenier, cellule digne de saint Jean de la Croix, fut sa cachette. Etroite, basse, mal aérée, elle ne laissait pas arriver jusqu'au prisonnier la lumière du jour et ne lui permettait de prendre aucun exercice; sa nourriture, préparée loin de sa cachette, lui parvenait presque toujours froide, par conséquent fort peu appétissante. La vie matérielle n'était pour le reclus qu'une continuelle mortification des sens. D'autre part la nouvelle des massacres de septembre, arrivant jusqu'à lui, ajouta aux douleurs morales du Père Coudrin. Cinq mois passés dans cette espèce de cachot, où tout semblait conspirer pour l'accabler, lui causèrent un complet dépérissement. Toutefois les consolations d'en haut ne lui manquèrent pas : la messe qu'il célébrait chaque jour après minuit, une oraison constante, qu'il faisait sous forme d'adoration devant uos petit autel, où il espérait que quelques parcelles oubliées lui procuraient la présence réelle, la lecture de la bible et de l'histoire ecclésiastique, en éclairant son esprit et fortifiant son cœur, lui firent contracter l'habitude de la présence de Dieu.

C'est là qu'il eut la révélation, fameuse dans le souvenir de ses enfants, dont son humilité a caché les détails, mais dont la substance paraît incontestable. Une double légion de prêtres et de vierges vêtus de blanc lui apparut, travaillant de concert dans une vaste plaine à sauver les pécheurs.

Le 20 octobre 1792, fête de saint Caprais, est une date mémorable dans sa vie. L'histoire de saint Caprais, qu'il venait de lire, le détermina, malgré toutes les raisons contraires, à quitter son grenier. Et moi aussi, disait-il, je quitterai ma solitude, je prêcherai l'évangile, je sauverai des âmes, quoi qu'il puisse m'arriver. Un secret pressentiment, une confiance surnaturelle, lui faisaient dire à ses hôtes inquiets : N'ayez aucune crainte; il ne m'arrivera rien : Dieu a des desseins sur moi.

Il partit, et fit de Poitiers le centre de son ministère. L'hospice de la ville, où les sœurs de la Sagesse, filles du P. Grignon de Montfort, après avoir été chassées, venaient d'être rappelées, fut le principal théâtre de son zèle. Au faubourg Montbernage, qui dépend de la paroisse de Sainte-Radegonde, il remplaça le vénérable curé M. Pruel qui avait été obligé de partir. Vingt histoires plus édifiantes les unes que les autres prouvent de quelle providence il était environné; visite des malades, instructions, confessions, messes célébrées dans les grottes au milieu de fidèles étran-

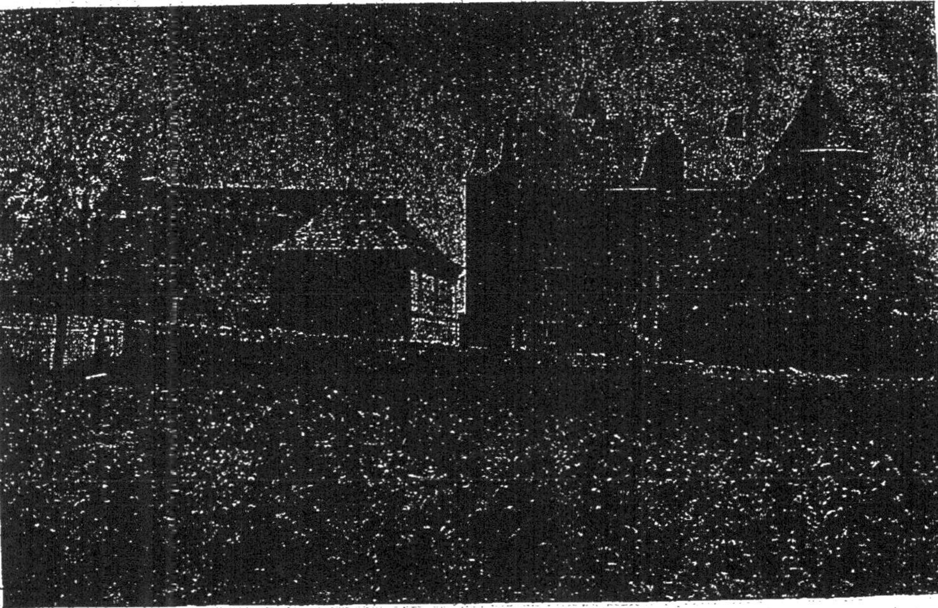

Château et grenier de la Motte-d'Usseau (Vienne).

gement convoqués, remplirent les années 1793 et 1794. Plusieurs fois il fut sur le point d'être pris; tel gendarme le reconnut, mais passa outre; tel autre le soupçonna, mais les pauvres vêtements de l'humble prêtre dissipèrent ses soupçons. Le ciel même se met avec lui; ici une lumière mystérieuse le dirige pendant la nuit jusqu'auprès d'un malade; là le chien de garde fait silence pendant qu'il passe et n'aboye que quand il est parti. Et en même temps qu'il travaille, il prie. Et, quand il prêche, on est entraîné à aimer Dieu. Il porte, disait-on, la paix du ciel avec lui. Durant à peu près deux ans, afin d'être toujours prêt au premier appel, il garda presque constamment sur sa poitrine le Saint Sacrement, ce qui le mettait dans un état d'adoration perpétuelle. Peut-être dût-il à cette heureuse nécessité le don de conserver habituellement la présence de Dieu et celui de faire oraison avec facilité. Quoi de plus aisé, disait-il à un de ses enfants, que de mettre son cœur bien près du Cœur du bon Dieu? Cela va tout seul. L'homme de zèle avait ouvert la voie au fondateur.

Une association pieuse s'était formée à Poitiers sous l'impulsion de Mlle Geoffroy, qui, après des péripéties diverses, entra dans la Congrégation du Sacré-Cœur, instituée par la V. Mme Barat. L'association, peu serrée au commencement, avait pour but d'honorer le Sacré-Cœur et de pourvoir aux besoins des prêtres qui travaillaient secrètement au bien des âmes. Mlle Aymer de la Chevalerie y entra; l'abbé Coudrin, qui évangélisait souvent la petite société, fit sa connaissance. Bientôt, par l'accession de Mlle Aymer et sous l'influence du P. Coudrin, un nouveau courant s'établit; on voulait la vie religieuse complète par la fondation d'un Institut nouveau. De là sortit la Congrégation des Sacrés-Cœurs de Jésus et de Marie, qui plus tard fut appelée de Picpus.

Faisons connaissance avec la fille spirituelle et bientôt la fidèle collaboratrice de l'abbé Coudrin.

Henriette Aymer de la Chevalerie naquit le 29 août 1767, d'une ancienne famille, qui tenait un rang distingué dans la noblesse du Poitou. Parmi ses proches parents elle comptait deux évêques que nous rencontrerons plus tard, Mgr Duchilleau et Mgr de Chabot.

Douée de beaucoup d'attraits, vive, enjouée, spirituelle, joignant à un extérieur avantageux une voix naturellement belle et que l'étude avait encore perfectionnée, elle était le charme de cette société du xviii° siècle, si passionnément avide de jouissances délicates.

Au début de la Révolution, elle atteignait sa vingt-deuxième année. Un prêtre, recueilli chez elle, ayant été découvert, de ce chef, mère et fille furent jetées en prison. C'était le premier pas vers l'échafaud; mais Dieu veillait. La chute de Robespierre lui rendit la liberté.

A la suite d'une confession générale, faite en prison, M¹¹° Aymer avait tourné de tout son cœur ses aspirations vers Dieu. Peu à peu elle reçut des grâces intérieures qui la firent rapidement avancer : lumières vives, consolations abondantes, facilité à prolonger son oraison durant de longues heures, où on la voyait comme étrangère aux choses d'ici-bas, connaissance même de l'avenir.

M. Coudrin, devenu son directeur, la désignait déjà dans sa pensée comme la pierre fondamentale de l'œuvre qu'il méditait. Après diverses péripéties, M. Coudrin et M¹¹° Henriette, décidés à travailler de concert, achetèrent rue des Hautes-Treilles l'immeuble qui porte encore aujourd'hui le nom de Grand'Maison. Ce fut le premier établissement de l'Institut. Cinq personnes au début composèrent la petite communauté; malgré ce petit nombre, on ne laissa pas de faire l'adoration perpétuelle (juin 1797).

Pendant que la petite communauté se dégageait de l'association qui avait été son berceau, M. Coudrin exerçait, au milieu de mille dangers, un ministère fructueux. Peu à peu il s'occupa davantage des aspirantes religieuses. Leur nombre s'était accru; d'autre part, quelques frères s'étaient joints à lui. La nuit de Noël 1800, avant la messe, il prononça, sous le nom de Frère Marie-Joseph, ses vœux de religion comme zélateur de l'amour des Sacrés-Cœurs, au service desquels il voulait vivre et mourir. C'est la date de naissance de la Congrégation des Sacrés-Cœurs.

Les événements, qui sont le signe de Dieu, allaient désormais, beaucoup plus que la volonté même du fondateur, hâter le développement de son œuvre. La paix religieuse commençait à renaître; Napoléon préparait le Concordat. Prêtres et évêques rentraient dans la patrie et ouvraient leur cœur à l'espérance.

Parmi les évêques qui profitèrent, pour revenir, du calme renaissant, était M⁰ʳ de Chabot, évêque de Saint-Claude. Originaire du Poitou, il revint à Poitiers, où il trouva sa nièce, la Mère Henriette, la future fondatrice. Mais à cette date, M¹¹° Aymer de la

Grange de Montbernage.

(D'après une photographie du R. P. Labroue).

Chevalerie n'était plus la jeune fille mondaine et enjouée qu'il avait connue jadis, c'était une âme d'oraison, une religieuse devenue familière avec les plus rigoureuses austérités, une fondatrice tout entière à son œuvre, ne rêvant qu'adorations, réparations, exercices de zèle pour la gloire de Dieu et le salut des âmes. Elle lui parla de l'abbé Coudrin en termes qui lui donnèrent le désir de faire sa connaissance. Bientôt, l'évêque et le jeune prêtre se lièrent de la plus étroite et la plus sainte amitié. Dieu préparait les voies à ses desseins secrets.

Sur ces entrefaites et en exécution du Concordat, Mgr de Chabot fut appelé à l'évêché de Mende. Il résolut d'emmener à sa suite son nouvel ami. C'était le séparer de l'œuvre commencée à Poitiers, par conséquent compromettre l'entreprise. Pour résoudre la difficulté, il lui promit que la charge de vicaire général laisserait toute sa liberté au supérieur religieux. Dans ces conditions le bon Père accepta, et, remettant au P. Isidore, l'homme de sa droite, le gouvernement de la maison de Poitiers, il suivit Mgr de Chabot. Les deux voyageurs arrivèrent à Mende dans les premiers jours de juin 1802.

CHAPITRE II

Le P. Coudrin a Mende. — Fondation de l'Adoration. — Translation des reliques de saint François Régis. — Séminaire et ordination a Mende. — La maison de Cahors. — Embarras; départ de Mende. — Fondation de Picpus. — Le Séminaire de Séez; M. Astier.

Le diocèse de Mende, tel que venait de le constituer le Concordat, embrassait les deux départements de la Lozère et de l'Ardèche, les anciens diocèses de Mende et de Viviers. Les populations étaient pauvres mais profondément catholiques. La première tournée pastorale dans le Vivarais ne fut qu'un long triomphe. « En vérité, écrivait le P. Coudrin, ce pays est admirable. Nous sommes stupéfaits des marques de respect qu'on donne partout à l'évêque. Des foules immenses, de tout âge, de toute condition, viennent souvent de deux lieues sur le passage recevoir sa bénédiction. » — A la vue des enfants, espérance des œuvres, l'âme du fondateur s'émeut : « Je ne sais, dit-il, si c'est en pensant à notre œuvre, que je vois de si loin, ou si c'est ce qu'on dit de la religion, qui m'attendrit, mais, à toutes ces nouvelles choses, je suis obligé de me détourner pour essuyer de grosses larmes qui tombent malgré moi et dont le monde s'aperçoit souvent. » Et favorisé par l'évêque, il cherche une maison pour ses filles et le moyen de les y établir. « Je crois que nous réussissons bien ici, dit-il; le peuple est bon, et l'on y aime les honnêtes gens. Il ne nous sera pas difficile d'avoir cinquante associés tout de suite, si l'on veut. Le préfet mettra peut-être quelque obstacle; mais, en recevant les petites filles pour l'instruction, la chose souffrira moins de difficultés. Et d'ailleurs le divin Maître, pour qui on fait tout cela, aplanira bien des obstacles. »

Bientôt il achète une maison et décide que plusieurs religieuses des Sacrés-Cœurs quitteront Poitiers pour venir l'occuper. La Mère Henriette les accompagnera pour en prendre possession.

Il pense aussi au recrutement de ses propres religieux. « Nous allons partir pour l'Ardèche, où nous resterons quinze jours. Là je verrai de la jeunesse d'Annonay, je pense; et si nous avions la liberté et des fonds, nous aurions aisément vingt sujets à la fois.

S'il y avait facilité de nous montrer comme nous devrons être, nous aurions bien des jeunes gens... Je verrai dans l'Ardèche, il y en a beaucoup et de bons sujets, m'a-t-on dit. »

Pendant que la petite colonie, conduite par la Mère Henriette, se dirigeait, lentement comme on faisait alors, de Poitiers à Mende, le P. Coudrin accompagnait Mgr de Chabot dans sa première tournée pastorale à travers le Vivarais.

Il y eut dans cette tournée une grande cérémonie, à laquelle le pieux fondateur prit une large part, et où, sans doute, il puisa une dévotion qu'il a léguée à ses enfants : ce fut la translation des reliques de saint François Régis, à qui ce bon peuple, dit-il, fut toujours si dévôt.

« Je vais bien me courber sur le tombeau de saint François Régis, pour qu'il nous obtienne à tous et à toutes une petite portion de ce zèle qui lui fit convertir tout ce pays, qui n'est peut-être si bon que parce qu'il est pour eux au ciel ce qu'il fut sur la terre. »

Après la fête, qui fut magnifique, il en raconte les détails à ses enfants. « Je me suis couché sous les précieux ossements du glorieux saint Régis, mes bons amis. La translation s'est faite dans une cérémonie admirable. Depuis huit heures jusqu'à une heure après midi, nous n'avons pas quitté le saint ou l'église. J'ai eu la consolation de porter ses reliques sur mes épaules..... et de placer dans la superbe niche le trésor précieux, si cher et si vénéré dans ces contrées. Je vous ai tous offerts et vous ne devez pas douter que j'y suis allé de bon cœur..... »

C'est dans ce voyage et à la visite faite par le bon Père au petit Séminaire de saint Symphorien que se décida la vocation de plusieurs religieux de l'Institut, celle en particulier du P. Régis qui, plus tard à Mende, fut entouré d'une si grande vénération.

Cependant, la Mère Henriette était arrivée avec sa petite caravane ; après quelques jours passés dans une maison provisoire, les nouvelles religieuses s'établirent dans l'ancien couvent des Ursulines, qui fut appelé couvent de l'adoration. Le peuple désigna les enfants du bon Père sous le nom de Coudrins et de Coudrines, qui demeure encore aujourd'hui.

Pour donner à son collaborateur et ami un titre officiel, l'évêque de Mende songea à le nommer vicaire général. Les exigences du gouvernement qui, sous couleur d'assurer la paix, voulait un prêtre constitutionnel, ne le permirent pas. L'évêque alors lui donna le titre d'archidiacre et de supérieur du Séminaire.

C'était en apparence un vain titre, puisque de Séminaire il n'y en avait pas, mais il y avait çà et là dispersés dans le diocèse un certain nombre d'aspirants au sacerdoce, que des prêtres fidèles, favorisés par les montagnes et le bon vouloir des habitants, avaient préparés au milieu même de la révolution. Quand des jours plus heureux se levèrent, le pieux archidiacre, nouveau Vincent de Paul, rassembla ces aspirants et pendant une semaine entière, du 14 au 20 août 1803, malgré un rhume opiniâtre et la fatigue qui en résultait, il leur prêcha matin et soir, fit lui-même toutes les lectures et présida à tous les exercices. Vingt-trois jeunes gens prirent part à l'ordination. Après la cérémonie, revêtus des insignes propres à chaque ordre, ils revinrent tous en procession à travers les rues de la ville, à la grande joie des habitants, qui depuis de longues années n'avaient assisté à un si consolant spectacle.

On prépara sans tarder une seconde ordination pour les quatre-temps de septembre. Une trentaine de jeunes gens se réunirent à Mende et entrèrent en retraite dans la maison et sous la conduite du P. Coudrin. On peut croire que la Providence vint en aide à sa charité. Ni les hôtes, ni celui qui les hébergeait n'étaient riches. Le P. Coudrin ne calcula pas; il voulut pour les ordinands un régime moins rigoureux que celui de la Communauté, et pourtant, la retraite finie, on constata, sinon la multiplication des subsistances, au moins une consommation de pain, de vin, de légumes notablement inférieure aux prévisions les moins exagérées.

Il fallait poursuivre l'œuvre; la maison du P. Coudrin fut transformée en Séminaire, on y ouvrit des cours de théologie et de philosophie. Le 26 octobre, elle comptait treize théologiens et six philosophes; d'autres étudiants étaient annoncés. C'était l'ébauche d'une maison organisée. Dans sa joie, le pieux supérieur écrivait à son cher fils, le P. Isidore : « ici tout va bien ; le gouvernement vient de mettre Monseigneur en possession de l'ancien Séminaire. Ainsi nous allons avoir notre première maison d'hommes en règle. L'adoration s'y fera nuit et jour et malgré l'enfer nous viendrons à bout de nos missions de ce côté. J'ai confiance que Monseigneur viendra demeurer avec nous dans la suite. Adieu, mes chers enfants. »

La suite de la correspondance accuse des progrès toujours croissants. « Nous avons cinq novices, et Dominique, prêtre ordonné à Paris. Dominique va à merveille..... Nous avons ici mille consolations..... et beaucoup de peines..... Cependant, nous voilà sept ici, amis parfaits, comme me sont attachés Hilarion et Isidore. (mars 1803). — Ici, tout ne va pas mal on s'augmente peu à peu. Il se présente des sujets tous les jours..... Si nous avions un local et plus de ressources, nous aurions une maison pleine de novices et des élèves propres à la théologie..... Le bon Dieu est bien bon pour nous tous. Ne l'offensons donc jamais volontairement. »

Tandis que les maisons de Poitiers et de Mende croissaient en faisant le bien, la Providence préparait les voies à une nouvelle fondation. Tout en ouvrant des écoles gratuites pour les enfants pauvres, les religieuses des Sacrés-Cœurs font profession d'élever aussi, dans des pensionnats, les enfants de la classe aisée.

La ville de Cahors ne possédait en ce temps-là aucun établissement qui permît aux jeunes filles de recevoir, avec les principes de la religion, une éducation convenable. L'évêque du diocèse ayant appris, par un ami venu de Poitiers, le bien que les enfants des Sacrés-Cœurs faisaient dans cette ville, eut la pensée d'assurer le même avantage à sa ville épiscopale. D'accord avec leur évêque, les magistrats municipaux offrirent une maison qui avait appartenu aux Mirepoises.

La maison de Mende avait suffisamment grandi pour permettre d'en détacher quelques membres destinés à la nouvelle fondation. De l'avis du P. Coudrin, la Mère Henriette accepta les offres avantageuses du préfet. On voyagea un peu à la façon de sainte Thérèse, c'est-à-dire avec peine, pieusement et joyeusement. Cahotée dans une méchante charette qui roulait lentement sur des chemins pierreux, la petite caravane avançait en accomplissant tous les exercices de la communauté, on récitait l'office, on faisait une oraison aux heures marquées, et le soir, à l'hôtellerie on chantait le *Salve Regina*, comme à la chapelle du couvent. La Sœur Ludovine, que nous rencontrerons encore, fut établie supérieure.

A cette même époque, on préparait la fondation de deux autres établissements, l'un à Laval, l'autre au Puy-en-Velay.

Ainsi procédaient les fondateurs dans le développement de l'œuvre : tantôt, comme à Poitiers et à Mende, installant à la fois les deux maisons correspondantes de Frères et de Sœurs, tantôt envoyant les Sœurs les premières, comme à Cahors, pour y être suivies bientôt par les Pères; d'autres fois enfin, comme à Séez, Troyes, Rouen, donnant mission aux religieuses d'aller seconder, de leurs adorations ininterrompues, les œuvres entreprises dans les maisons d'hommes déjà constituées.

Tout n'était pas succès; dans la vie des saints, la croix tient une large place. En rentrant dans leurs diocèses, les évêques ne trouvaient que des ruines, et le gouvernement montrait des exigences bien douloureuses aux consciences délicates. « Je suis un peu troublé, écrivait le bon Père, d'un acte que j'ai été obligé de légaliser... Mon cœur, mon corps, tout en palpite, quoique, d'après l'avis du cardinal Caprara, je n'aie nullement outrepassé ce que j'étais obligé de faire. Mon Dieu, ayez pitié de ma pauvre âme, si toutefois elle est coupable. »

Des difficultés surgirent : mariages à revalider, conventionnels, prêtres jureurs, nominations diverses, sépultures ecclésiastiques, tout était matière à conflits; les colères se tournèrent vers le vicaire général. Si ce prêtre, disait-on, a des vertus, de la piété, des mœurs, il manque de sagesse, l'évêque doit l'écarter de ses conseils. Après des phases diverses, la lutte devenant plus aigüe, évêque et grand vicaire prirent le parti d'aller défendre leur cause à Paris.

M. Portalis dut se rendre aux explications qui lui furent fournies, et il avoua qu'on l'avait trompé. Quand les choses semblaient mieux aller et que les deux voyageurs préparaient leur retour à Mende, le ministre de l'Intérieur furieux déclara à l'évêque qu'il devait se séparer de son grand vicaire. Plutôt que de consentir à une telle violence, Mgr de Chabot donna sa démission.

Aux mains de Dieu, les obstacles se changent en moyens. Le fondateur, tenu loin de Mende, dut rester à Paris. Son zèle n'était pas resté inactif. Il avait prêché à Saint-Roch, confessé, converti. La conclusion fut qu'une nouvelle maison allait être fondée à la barrière du Trône (Picpus) et que Mgr de Chabot, retiré du ministère, viendrait vivre près de son ami.

La fondation de Picpus, d'où l'Institut a tiré son nom populaire, mérite d'être racontée. Vers le mois de juin 1794, les hommes de la Terreur transportèrent la guillotine de la place de la Bastille à la place du Trône. Là, durant six semaines environ (du 14 juin au 27 juillet), tombèrent plus de treize cents têtes.

Il y a, dans l'histoire de ces victimes appartenant à toutes les conditions, je ne sais quoi de religieux qui lui donne un air de ressemblance avec les actes des Martyrs. La plupart en effet, périrent en haine de la foi. Leurs restes mutilés furent jetés pêlemêle dans une carrière de sable, transformée en fosse commune. Une femme de haut rang, la princesse de Hohenzollern, née de Salm, ne pouvant arriver à recueillir la dépouille d'un frère bienaimé, le prince de Salm-Kirbourg, exécuté le 20 juillet 1794, voulut du moins la soustraire aux profanations. Elle acheta l'emplacement où tant d'innocentes victimes avaient été entassées et le fit entourer de murailles. Ce fut le commencement du cimetière de Picpus. Il était situé dans l'ancien village de Picpus, sous les murs du jardin qui appartenait, avant la Révolution, aux chanoinesses de Saint-Augustin.

Sur ce terrain, une chapelle avait été bâtie, où l'on célébrait, une fois l'an, un office solennel pour toutes les victimes de la Révolution. Sur la fin de 1804, la Mère Henriette prit à loyer la maison attenante à cet oratoire, avec engagement de veiller à la célébration du service annuel. Plus tard, les parents des victimes, réunis en comité, firent élever une chapelle plus considérable, où l'on posa des plaques de marbre portant gravés les noms de ceux qui avaient péri.

C'est la chapelle actuelle de la Communauté; l'adoration perpétuelle n'y a été suspendue que pendant les jours de la Commune.

Non loin de la nouvelle maison achetée par la Mère Henriette, et dans la même rue, se trouvait un terrain vague. Le Père Coudrin en fit l'acquisition, pour y établir la maison des Frères et pouvoir plus facilement administrer les secours spirituels à la Communauté des Sœurs.

A la fin de cette année 1804, remonte la fondation des maisons de Laval et du Mans, qui fut déterminée par des circonstances assez remarquables.

L'évêque de Séez, Mgr de Boischollet, homme de grande foi, voyait avec douleur les rangs de son clergé s'éclaircir, et pour les combler il songeait à établir un séminaire. Ayant appris que Mgr de Chabot avait donné sa démission et par conséquent que le P. Coudrin, son grand vicaire, était libre, il proposa à celui-ci de venir s'établir à Séez. Le pieux évêque lui offrait son séminaire, pour devenir le berceau de la Congrégation. Le bon Père jugea que Paris lui offrait pour ce but des conditions plus favorables;

mais il accepta de fonder le séminaire, qu'il confia aux soins de celui qu'il appelait le *saint homme*, le P. Antoine Astier.

Au mois d'octobre 1806, le P. Coudrin arriva à Séez. Il prêcha à la cathédrale, la fête de la Toussaint. Le soir du même jour, il commença la retraite des séminaristes; ils étaient au nombre de dix-neuf; seize théologiens et trois philosophes. L'évêque ouvrait son cœur à l'espérance et manifestait sa joie. En 1807 et 1808, les élèves furent plus nombreux; les divers établissements du diocèse commençaient à former des sujets.

Tout allait bien : le supérieur et les directeurs accomplissaient leurs fonctions avec zèle à la fois et avec succès : les élèves avaient bon esprit; l'évêque était content. Ce fut le moment que l'ennemi de tout bien choisit pour éloigner du Séminaire les religieux des Sacrés-Cœurs.

Le maire de Séez, ancien révolutionnaire, par un zèle indiscret et aussi par opposition à l'évêque, avait signalé au gouvernement M. Astier et ses collègues comme membres d'un institut religieux. C'était les placer dans une situation délicate et fâcheuse; car les congrégations n'étaient pas autorisées par l'État. Le plus petit nuage devait apporter une tempête.

En 1809, la persécution éclata contre le Souverain Pontife. M. Astier et moi, dit le P. Hilarion, nous nous étions prononcés fortement en faveur du Chef suprême de l'Église. Nous devînmes suspects au gouvernement; on conseilla à Mgr de Boischollet de nous remplacer. Le bon prélat, qui deux ans plus tard fut lui-même victime de la persécution, crut devoir céder à l'orage. Ce fut la cause de notre retraite.

Le P. Hilarion se rendit à Paris, où le P. Coudrin s'était définitivement fixé. Mais le P. Astier, chanoine de la cathédrale, resta à Séez, où il s'employa à diriger la maison des Sœurs, qui venait d'y être fondée.

La croix les visita; mais la sage et forte direction du P. Astier soutint la mère et les filles et la maison, sous la conduite de la sainte sœur Ludovine, qu'on appelait la Bonne des bonnes, devint une des plus florissantes.

M. Astier manifesta dans une occasion solennelle, la disgrâce de Mgr de Boischollet, sa piété filiale pour l'évêque et sa fidélité aux doctrines catholiques romaines.

Chanoine de la cathédrale, il refusa toujours de reconnaître pour légitime pasteur, M. Baston, prêtre d'ailleurs recommandable, dont le Pape emprisonné n'avait pas agréé la nomination. L'austère religieux voyait décliner sa santé sans rien relâcher de sa fidélité à la règle. Le Père Coudrin eut la douleur de le perdre quand il pouvait encore attendre de lui (le P. Astier n'avait que cinquante-deux ans) de longs et utiles services.

CHAPITRE III

Vers 1807 et jusqu'en 1814, la branche des Frères tenait des collèges où écoles à Poitiers, à Mende, à Cahors et à Paris; elle dirigea pendant quelques années le séminaire de Séez. Les Sœurs possédaient une maison correspondante dans chacune de ces villes; elles étaient de plus établies à Laval et au Mans. Le Père Coudrin, après la chute de Napoléon, s'occupa d'obtenir de Rome l'approbation de sa famille spirituelle. Il ne prétendait pas à une approbation en forme; il se serait contenté d'un encouragement authentique qui le recommandât aux évêques et lui assurât une autorité moins précaire sur ses religieux. Un concours de circonstances, favorisant le zèle et l'ardeur du P. Hilarion, chargé de poursuivre la cause en cour de Rome, lui fit obtenir une Bulle *sub plumbo*, qui donnait à l'Institut sa place authentique dans l'Église.

Un prêtre attaché à la chapelle du roi, M. Hubert, qui avait fait le voyage de Rome, la lui apporta. C'était le jour de Pâques de l'an 1817. En la recevant après la messe, qu'il venait de célébrer, le bon Père, tenant en mains le trésor si longtemps désiré, donna libre cours à ses larmes, et à plusieurs reprises il baisa respectueusement la bulle et le sceau pontifical.

Heureux de cette approbation, le bon Père s'empressa de faire part de son bonheur à ses enfants. « Comme les anges aux bergers, leur disait-il dans une importante circulaire, nous vous annonçons une grande joie : *Annuntio vobis gaudium magnum.* Au milieu des horreurs de la Révolution, le souffle de l'irréligion a dispersé les enfants du cloître. Cependant Dieu n'a pas permis que les pratiques saintes de la vie religieuse fussent abandonnées pour toujours; de nouvelles congrégations se sont formées au sein même des persécutions. Notre Institut en particulier a commencé dans le temps où le sang des serviteurs de Dieu coulait sur les échafauds. Nous comptons déjà vingt-trois années d'existence. Il a fallu des prodiges de la bonté divine pour nous soutenir au milieu des orages. A des bienfaits si grands et si multiples, le Seigneur vient d'en ajouter un autre non moins précieux : Le Siége apostolique a daigné approuver et confirmer notre Institut, le 10 du mois de janvier de cette année (1817).

« Comblés de tant de faveurs du Dieu des miséricordes, prenons garde d'oublier la grandeur de notre vocation. Nous sommes destinés à adorer le Cœur de Jésus, à réparer les outrages qu'il reçoit tous les jours. Nous devons entrer dans la douleur de ce Cœur sacré.

« Rappelez-vous aussi qu'après le Cœur de Jésus, nous devons honorer particulièrement le très doux Cœur de Marie.....

« Au culte de Marie vous joindrez une dévotion tendre à saint Joseph, patron de notre Institut, père nourricier de Jésus, gardien de la virginité de Marie. Il a un très grand crédit auprès du Fils et de la Mère; vous ne manquerez pas de l'invoquer tous les jours. »

Dans cette circulaire, le fondateur s'efforçait d'inculquer à ses enfants l'esprit dont il les voulait pénétrés. Deux rapports qu'il adressait en même temps à Rome précisent encore davantage la fin de l'Institut. Il désirait donner à ses enfants le titre de *Zélateurs des Sacrés-Cœurs de Jésus et de Marie*. Et il disait : « Ce titre de *Zélateurs* exprime nettement le but que nous désirons atteindre : La sanctification par la propagation de la dévotion aux Sacrés-Cœurs de Jésus et de Marie. Si on se pénètre de la tendresse du Cœur de Jésus pour le salut des âmes, peut-on n'être pas enflammé de zèle, pour répondre à l'amour d'un si bon Maître? Et si l'on pense à la tendresse maternelle du Cœur de Marie pour les hommes, devenus ses enfants en la personne de saint Jean, pourrait-on ne pas sentir son âme embrasée d'un saint zèle pour honorer la Vierge des vierges? Or, voilà précisément ce que renferme le nom de *zélateurs*.

La consécration aux Sacrés-Cœurs de Jésus et de Marie est le fondement de notre Institut..... »

Dans le second mémoire, qui sert de complément au premier, au titre de zélateurs il joint celui d'adorateurs perpétuels, afin de marquer l'exercice particulier d'où le zèle jaillira dans l'âme de ses enfants. Cette dénomination, dit-il, explique d'une manière spéciale et notre consécration au Sacré-Cœur de Jésus, et les hommages qui lui sont rendus jour et nuit dans l'auguste sacrement, pour expier l'ingratitude et la malice des hommes.

Approuvée par l'Église l'œuvre croissait, et les religieux s'occupaient à divers ministères. La maison de Paris ne se bornait pas à instruire de nombreux enfants, pour faire des uns de bons chrétiens dans le monde, et pour préparer les autres au sacerdoce ou à la vie religieuse.

L'archevêque de Dublin avait obtenu du P. Coudrin qu'il admit dans sa maison un certain nombre d'Irlandais à qui l'on enseignerait la théologie. Avant la Révolution, les ecclésiastiques de ce malheureux pays possédaient en France quelques établissements où ils achevaient leurs études cléricales. Tout avait péri dans la tourmente. Le bon Père en admit dix d'abord, se chargeant de les nourrir et de les instruire à titre gratuit. Peu à peu et toujours aux mêmes conditions, il en reçut un plus grand nombre, si bien qu'à la Révolution de 1830, quand furent dispersés le séminaire et toute la communauté, Picpus n'en comptait guère moins d'une soixantaine.

L'œuvre des soldats, qui subsista jusqu'à la fin du second empire et fit beaucoup de bien, remonte à cette date. Alors aussi commença dans la chapelle des frères l'adoration perpétuelle, que les sœurs faisaient seules jusque là.

Depuis la fondation de l'Université, tous les pouvoirs qui se sont succédé en France ont pris ombrage de l'enseignement donné en dehors d'elle par les ecclésiastiques ou les religieux, et lui ont fait la guerre. La nature des établissements de la Congrégation aurait dû, ce semble, la mettre hors d'atteinte; elle élevait surtout des enfants pauvres, en qui on avait remarqué des dispositions à l'état ecclésiastique. Son humilité ne la sauva pas. Le Recteur de l'Académie d'Angers menaça d'employer la force pour disperser les élèves du collège de Laval. Le Supérieur répondit qu'une pareille mesure lèserait la liberté des uns, priverait de toute éducation le plus grand nombre des autres, qui étaient élevés gratuitement, et qu'au reste pour se séparer d'enfants réduits après l'expulsion à vivre sans asile, il attendrait l'arrivée des gendarmes.

Embarrassé autant que surpris de cette réponse énergique, le Recteur fit bien encore quelques menaces, mais ne poussa pas plus loin. Le collège subsista jusqu'aux ordonnances de 1828.

A Cahors, les poursuites furent plus vives. La bénédiction du ciel avait visité cette maison, qui tous les ans fournissait à l'Institut un contingent de novices. L'ennemi suscita l'orage. Attendez sans trouble, écrivait le P. Coudrin au P. Hippolyte, qu'on vous mette hors de la maison; la chose n'est pas près de se faire. — Ferme confiance en Jésus-Christ; c'est son œuvre, il la soutiendra.

La réponse du P. Hippolyte au Recteur ne fut pas moins catégorique, et celui-ci, dans son rapport à la commission de l'Instruction publique, rendit bon témoignage au vénéré Supérieur : « Ce prêtre, disait-il, d'une sévérité de mœurs digne des premiers siècles, jouit à Cahors de la plus grande confiance. Dans toutes les difficultés, c'est à lui qu'on a recours. Jamais il ne se refuse à aucune bonne œuvre. Il est admiré de toute la ville et chéri de la classe très nombreuse des pauvres, dont il instruit les enfants. L'établissement qu'il dirige ne saurait être supprimé, sans que cette mesure excite les plus violents murmures et entraîne les plus graves inconvénients. » Il déclare en terminant que la force des choses lui a seule arraché de tels accents.

La commission était hostile. Un seul membre, M. Eliçagaray, prit vivement la défense des accusés. Il y eut encore diverses manœuvres; on n'échappa à la suppression qu'en acceptant d'envoyer au lycée les élèves sous la conduite d'un des religieux; le Proviseur, qui aimait le P. Coudrin, promettait d'employer tous ses soins à protéger les enfants. On vécut ainsi jusqu'aux ordonnances.

Les maisons de Paris et de Mende furent en butte à des tracasseries semblables, auxquelles les ordonnances de 1828 mirent fin par la suppression pure et simple des établissements.

En 1819, le P. Coudrin, voulant déterminer certains points laissés indécis, crut devoir tenir le premier Chapitre général. On y régla que le Supérieur général serait à vie, qu'il choisirait seul les supérieurs des maisons; plusieurs mesures furent adoptées au sujet des frères convers. Deux points importants furent encore réglés : l'habit religieux et le bréviaire romain. Après le Chapitre, le Supérieur général fit un remaniement des maisons, dont il déplaça tous les supérieurs. C'est vers le même temps que Mgr Duchilleau, parent de la Mère Henriette, ayant été nommé au siège de Tours, établit dans sa ville épiscopale une maison de nos Sœurs et confia aux Pères la direction de son grand et de son petit séminaire.

A cette époque, un débat douloureux s'éleva entre le fondateur

et le curé de la paroisse. Toute la question se réduisait à ce point :
Une communauté religieuse fondée dans une paroisse est-elle sou-
mise comme chaque paroissien à l'autorité curiale? Le bon Père,
qui avait obtenu pour ses règles l'approbation de Rome, estimait
que, comme les autres religieux, il était en plus d'un point exempt
de cette sujétion. A Paris, où dominaient les idées gallicanes, on
inclinait vers le sentiment contraire. En conséquence, le curé exi-
geait que les religieuses et les enfants de leur pensionnat fissent
leurs Pâques à la paroisse, que les derniers sacrements fussent
administrés par le clergé paroissial, que certaines questions de
sépulture, de procession fussent traitées autrement qu'on n'avait
fait jusque là.

De nouveaux incidents survenus à l'occasion de la Fête-Dieu
aggravèrent la situation. Le curé se plaignit à l'autorité ecclésiastique, qui prononça en sa faveur. Les deux communautés étaient
regardées et traitées à peu près comme de simples paroissiens. Le
curé de Sainte-Marguerite, par lui-même, ou par un de ses vicaires
devait dire la messe à la chapelle et donner la communion pas-
cale, qui ne pouvait être faite à une autre messe que celle du
Jeudi-Saint ou du dimanche de Pâques.

Ainsi la Congrégation des Sacrés-Cœurs, approuvée par une
Bulle du Souverain Pontife, n'obtenait pas même les avantages
accordés à de simples confréries.

Que ce privilège d'une bulle *sub plumbo* ne l'exemptât point
complètement de la juridiction épiscopale, le P. Coudrin en convenait volontiers; mais que l'Institut, après une telle approbation,
fût considéré comme la première agglomération venue de fidèles,
paroissiens de Sainte-Marguerite, soumis au curé, que les prêtres
qui en faisaient partie fussent comptés pour rien, et que la maison-mère de l'Institut fût traitée avec si peu d'égards, alors que
dans les divers diocèses les maisons secondaires étaient l'objet du
plus vif intérêt, de la plus profonde estime, c'était pour son cœur
chose bien amère.

De plus, n'était-il pas à craindre qu'une telle sévérité provoquât
de fâcheux commentaires et qu'on en tirât argument contre la
bonne renommée de la maison?

Préoccupé de cette pensée, le P. Coudrin songea à se retirer de
Paris et le fit savoir à l'archevêque; mais l'opinion pouvait s'émou-
voir d'une mesure si grave. On continua donc à parlementer.

Ce qui rendait l'entente difficile, c'est que derrière les griefs allégués, il y en avait d'autres qu'on n'avouait pas, mais qui étaient plus déterminants peut-être.

Au fond, l'autorité diocésaine ne voyait pas d'un bon œil l'attachement de l'Institut aux doctrines ultramontaines. Ainsi, pour obtenir l'approbation, le fondateur s'était adressé non à l'archevêque de Paris, mais au Pape. Quand les Congrégations romaines, au cours de la procédure, avaient réclamé une attestation favorable de l'Ordinaire, le P. Coudrin avait eu recours encore au seul M. d'Astros, à l'exclusion des autres vicaires généraux. C'était implicitement ne pas les reconnaître; et de fait, suivant le parti du Souverain Pontife, il ne les reconnaissait pas. Il n'avait pas reconnu davantage le cardinal Maury, ni par suite aucun de ceux qui étaient entrés dans son administration irrégulière.

Plusieurs de ceux-là, dont la nomination avait été depuis légitimée, faisaient alors partie du Conseil archiépiscopal. On devine qu'ayant gardé, peut-être malgré eux, souvenir du temps passé, ils fussent moins bien disposés pour le Père Coudrin. Celui-ci souffrait beaucoup de cet état de choses : Nos affaires avec l'archevêché, écrivait-il, ne s'améliorent pas. Priez tous pour nous et faites prier pour votre pauvre Père. Mon bon ami, je suis, le bâton à la main, prêt à aller porter ma croix où je pourrai.

Sur ces entrefaites, comme si la Providence prenait à tâche de le consoler, Mgr de Boulogne, évêque de Troyes, lui offrit une retraite dans son diocèse. « Sa Grandeur, écrivait en son nom le vicaire général, serait charmée de posséder un homme aussi recommandable par ses talents, son zèle et son ardeur..... Monseigneur vous ferait des propositions qui vous seraient agréables, en vous mettant à même de soutenir et d'étendre vos établissements et de poursuivre le cours de toutes vos bonnes œuvres. »

En effet, Mgr de Boulogne offrit au P. Coudrin de le placer à la tête des ecclésiastiques qui, sous le nom de prêtres auxiliaires, seraient chargés de donner des missions dans le diocèse et d'y réveiller la foi. Pour cette œuvre une maison était déjà fondée. Le bon Père accepta d'autant plus volontiers que c'était pour lui l'occasion de remplir une des fins de la Congrégation, reproduire par les missions la vie apostolique de Jésus.

Après quelques pourparlers, les choses furent définitivement conclues. Les débats avec l'autorité ecclésiastique de Paris avaient abouti à de nouvelles fondations. A Paris, le temps adoucit les cœurs, et l'on oublia peu à peu les démêlés. Une nouvelle jurisprudence se forma, d'après laquelle nous voyons accorder aujourd'hui à toutes les communautés bien au delà de ce que le P. Coudrin demandait pour la sienne.

Obligé de quitter Paris, le P. Coudrin trouva dans le diocèse de Troyes un vaste champ à son activité et au zèle de ses enfants. En l'instituant vicaire général, Mgr de Boulogne, évêque pieux, de saine doctrine, de grande éloquence, doué de courage sinon d'héroïsme, mais à demi usé par l'âge, et par conséquent moins apte qu'autrefois au travail et à la lutte, voulait se reposer sur lui du poids de l'administration.

Le P. Coudrin arriva le 22 octobre 1820, vers la nuit. Sa première visite fut pour la cathédrale. Comme elle était déjà fermée, il s'agenouilla sur les degrés, voulant au moins adorer de là le Dieu du tabernacle, qu'il venait servir. Puis il se rendit à sa demeure pour y prendre son repos. Lui-même a raconté quelques détails de son installation officielle, qui se fit la veille de la Toussaint : « Je suis installé dans la première place, à gauche, comme vicaire général légal, et j'ai officié à Matines dans cette belle église de Saint-Pierre. Je vous laisse à penser quelles ont dû être mes agitations et mes réflexions, ma paix et ma tristesse, mes désirs et mes vœux. Cette chaire où saint Bernard a prêché! ce chœur, où il a prié d'abord avant d'obtenir la permission d'aller fonder Clairvaux! Les larmes me gagnent, et je ne puis rien comprendre à ma situation.

Adieu; priez pour que je ne fasse rien qui ne soit pour la gloire des Sacrés-Cœurs de Jésus et de Marie. Je les prie, ce me semble de grand cœur, qu'ils aient pitié de nous. » (1er nov. 1820).

En attendant que la maison destinée aux missionnaires fût appropriée, il prit en ville un modeste appartement. Et il écrivit : Je vais accélérer le tout cette semaine pour recevoir nos missionnaires; qu'ils se mettent bien dans l'esprit que nous devons avoir des peines, et qu'ils soient bien unis.

Pour que la fondation fût complète, le bon Père se préoccupa également, dès son arrivée, de trouver une maison qui pût recevoir les religieuses des Sacrés-Cœurs.

Après un mois de démarches et de préparatifs strictement indispensables, il appela les religieuses destinées à la fondation. « Ces pauvres petites seront exilées, écrit-il ; elles ne seront point heureuses..... Enfin, vous avez l'esprit de Dieu ; vous amènerez celles qui le voudront. Adieu. Je vous attends mercredi ; et dans une maison où il n'y a rien qu'un peu de paille pour coucher. »

Répondant à l'appel de leur Père, onze religieuses conduites par la Mère Henriette, arrivèrent à Troyes, le 13 décembre. Trois jours après, neuf autres sœurs vinrent les rejoindre, et l'adoration réparatrice commença.

C'est à Troyes, le 6 janvier 1821, fête de l'Épiphanie et des missionnaires, que les religieuses des Sacrés-Cœurs inaugurèrent le manteau rouge, bénit par le bon Père, pour l'exercice de l'adoration perpétuelle.

L'époque était bien choisie ; à cette date, en effet, les missionnaires venaient d'entrer dans la carrière apostolique. Huit prêtres se livraient à toutes les fonctions du ministère, et deux frères les secondaient par toute sorte de services.

Les débuts réussirent au delà de toute espérance. Dans un pays où l'apathie naturelle se compliquait d'une grande indifférence religieuse, au sein de populations travaillées depuis plus de cent ans par le Jansénisme et poussées au mal par l'esprit révolutionnaire, une poignée de religieux, inexpérimentés, mais animés d'un zèle ardent, soutenus par d'incessantes prières, faisaient revivre, au grand étonnement de tous, les scènes émouvantes des missions les plus admirables.

Les succès obtenus contre toute espérance attirèrent l'attention sur les Pères des Sacrés-Cœurs ; de divers côtés, on fit appel à leur concours.

Quand la mission paraissait plus difficile, on redoublait de prières et le succès répondait au travail. Une fois en particulier, dans la mission d'Essoyes, à trois lieues de Bar-sur-Seine, tout semblait présager un échec. La Mère Henriette, qui était venue à Troyes visiter ses filles, fut d'avis qu'en dépit des apparences contraires, la mission fût entreprise, et, pour mieux affirmer le but de la Congrégation, où les Sœurs doivent par leurs prières et leurs adorations frayer la voie au zèle apostolique des missionnaires, elle prescrivit une neuvaine dans toutes ses maisons.

Au début, le succès ne répondit pas aux efforts. On vint aux instructions avec une certaine curiosité, mais ce fut tout. Sur ces entrefaites, le bon Père arriva, il prêcha trois fois le même jour; dès lors, l'impulsion était donnée. On accourait des paroisses voisines, et c'était chose curieuse de voir les fidèles s'éclairer à travers champs, dans la nuit noire, de lanternes et de flambeaux. Les missionnaires, aidés par les curés voisins, ne quittaient pas le confessionnal. Il n'y eut cette année de divertissements de carnaval que les exercices de la mission. Si quelques méchants essayèrent d'entraver le mouvement général, les convertis ne firent que redoubler de zèle. Certains faits, qui semblaient tenir du prodige, animèrent encore l'enthousiasme. Dans une famille d'Essoyes, se trouvait une petite fille de dix-huit mois, si infirme qu'on regardait sa guérison comme impossible. La grand'mère de l'enfant, aux yeux de qui le bon Père était un saint, la lui porta en le priant naïvement de la guérir. Aucun membre de cette famille ne s'était encore confessé, quoiqu'on fût au milieu de la mission. L'enfant guérira, dit le P. Coudrin, mais à une condition, c'est que tous vous gagnerez la mission. Tous s'étant confessés et ayant communié, l'enfant fut en effet guérie.

Si tous les prêtres étaient comme celui-là, disait un incrédule en le voyant passer, nous les épargnerions; c'est un saint.

A travers les difficultés suscitées par le mauvais vouloir, la mission arriva heureusement à son terme. Le 1er avril, eut lieu la communion générale, précédée la veille de la rénovation des vœux du baptême. Le bon Père présida les deux cérémonies. Seize cents personnes s'approchèrent de la table sainte, une centaine d'enfants firent leur première communion; plusieurs vieillards à cheveux blancs vinrent aussi, à l'édification de tous, communier pour la première fois. Nous avions besoin de cette mission, disait un vieux soldat de la garde impériale; nous étions tous mauvais, moi le premier; sans la mission, nous ne nous serions jamais confessés.

Le soir, la croix fut plantée; plus de six mille personnes escortèrent sa marche triomphale.

Le lendemain, on chanta une messe pour les trépassés, selon la pratique usitée dans les missions. Le soir, Mgr de Boulogne vint donner la confirmation. Nouvelle procession, nouvel enthousiasme. La foule se porta à sa rencontre jusqu'aux limites de la paroisse. En trois jours, l'heureux pontife confirma environ quatre mille personnes. Il vit de ses yeux les fruits des travaux apostoliques des missionnaires. Il n'avait rien exagéré dans son mandement du carême en disant d'eux : « Ils renouvellent dans toutes les contrées où ils sont envoyés, les merveilles de la croix, et les prodiges de sa puissance. Leur nombre sans doute n'est pas proportionné à la grandeur de leur mission; mais ils y suppléent par une sainte ardeur, et, s'ils ne multiplient pas les pains dans le désert, on dirait qu'ils multiplient leurs personnes. Ah! c'est bien d'eux qu'on peut dire, qu'ils passent en faisant le bien et ne faisant que le bien. »

Tandis que ses enfants exerçaient leur zèle en différentes paroisses du diocèse, le bon Père évangélisait de son côté la ville de Troyes. Plusieurs fois la semaine, durant l'Avent, il prêcha à la cathédrale, où sa parole onctueuse et populaire attira la foule. Beaucoup de conversions se produisirent.

Quand arriva le carême, le P. Coudrin donna de nouveau la station. Il prêcha trois fois par semaine. L'affluence était si considérable que, malgré les vastes proportions de la cathédrale, les fidèles étaient obligés, pour trouver place, d'arriver au moins deux heures à l'avance.

Les Pâques de cette année furent la récompense de son zèle; mais le pauvre missionnaire était exténué.

L'œuvre des missions était lancée dans le diocèse de Troyes. Si les apôtres durent suspendre leurs travaux pendant la belle saison, ce fut pour se recueillir et se préparer à de nouvelles conquêtes. Pour raconter leurs succès, il faudrait recommencer le même récit, avec la seule variante du nom des pays, des dates et des traits d'édification sans cesse renouvelés. Des missionnaires travaillaient ensemble sous la direction et l'impulsion du bon Père; craintifs ou découragés, ils recouraient à ses avis et à ses prières; Ils sollicitaient de la Mère Henriette les adorations de ses filles; si le succès tardait à venir, les supplications redoublaient, toujours suivies d'heureux résultats.

Un prêtre distingué résumait plus tard (en 1863) les impressions produites alors par l'éloquence du Père Coudrin : Ce que je me rappelle parfaitement, écrivait-il, c'est l'air de sainteté qui paraissait sur son visage; c'est l'impression de grâce que sa vue et sa parole produisaient sur les auditeurs, à la cathédrale en particulier, où il prêchait assez souvent. Messieurs les chanoines, parmi lesquels se trouvaient des esprits assez difficiles à contenter, reconnaissaient que la pensée humaine se trouvait en défaut pour apprécier ce genre d'éloquence, et ils avouaient que le doigt de Dieu était là.

Témoignage précieux, qui explique l'action du P. Coudrin sur les âmes, et les succès apostoliques de ses enfants, formés à son école.

CHAPITRE IV

A Troyes, le P. Coudrin n'était pas seulement missionnaire ; il était vicaire général. A ce titre il rencontra plus d'une difficulté. Le Jansénisme avait jeté de profondes racines dans le diocèse et comptait encore de nombreux adeptes. Le Gallicanisme y régnait aussi, affectant une extrême réserve vis-à-vis du Saint-Siège. Le bon Père, par ses idées ultramontaines d'une part, par sa dévotion aux Sacrés-Cœurs de l'autre, courait risque d'être suspect. Les obstacles n'étaient pas faits pour décourager son zèle. Il rétablit l'usage perdu des retraites ecclésiastiques. La première fut donnée par un missionnaire de France, aidé d'un de ses fils, le Père Hilarion.

Un moment il fut question de confier le séminaire à la Congrégation naissante. Quelques dissentiments d'opinion empêchèrent le P. Coudrin d'en accepter la direction.

D'autres difficultés entravèrent son administration. L'aumônier de l'hospice de Troyes avait cru devoir prendre à un malade des livres qu'il estimait dangereux ; le malade n'attacha pas d'importance à ce procédé, mais la malveillance s'en empara. La commission des hospices réclama ses droits. Le Procureur du roi intervint ; pour agir plus efficacement, on pressa le malade de déposer une plainte contre le chapelain. Mgr de Boulogne se trouvait à Paris, il eût voulu arrêter une affaire qui ne méritait pas de faire tant de bruit. Mais les adversaires poursuivirent la chose, un procès eut lieu, dans lequel l'aumônier fut condamné. Le P. Coudrin soutint avec énergie le chapelain de l'hopital. Un de ses confrères, M. Hubert, blâma son attitude ; il devait, dans une autre occasion causer du désagrément au premier vicaire général. M. Hubert pensait que les élèves du petit séminaire pourraient suivre impunément les cours du collège de l'Etat, et il avait persuadé à Mgr de Boulogne de les y envoyer. Le P. Coudrin et deux autres membres du Conseil mirent tout en œuvre pour empêcher une mesure qu'ils estimaient nuisible aux âmes. Le projet fut ajourné, mais les rapports des deux prêtres ne laissaient pas d'être pénibles.

Dans ces temps, la Congrégation des Sacrés-Cœurs tint son second chapitre général, à la suite duquel le P. Coudrin demanda la liberté de faire le voyage de Rome. À peine était-il parti que la mort frappa l'évêque de Troyes. Les pouvoirs du P. Coudrin expiraient avec lui ; mais il fut nommé vicaire capitulaire et président du Conseil, ce qui l'obligea à garder le gouvernement du diocèse. Bien que le pieux M. Arvisenet, en lui faisant part de son élection, lui dit : Nous désirons vivement que vous veniez le plus tôt possible tenir le gouvernail qui a si grand besoin de votre main, le P. Coudrin jugea qu'il devait poursuivre et achever son voyage. Il rentra le 8 août 1825, environ trois mois après.

La ligne suivie par M. Hubert, l'un des vicaires capitulaires, n'était pas celle du P. Coudrin. M. Hubert inclinait à une indulgence qui pouvait ressembler à des compromissions. On remarqua que son mandement avait été adressé à des laïques connus pour leur peu de religion, aux juges qui avaient condamné le chapelain de l'hôpital, avant d'avoir été transmis à MM. les Curés ; et que le Journal de l'Aube, ordinairement peu bienveillant aux prêtres, n'avait trouvé que des éloges pour cet écrit.

M. Hubert reprit son projet d'envoyer au collège de la ville les élèves du petit séminaire. Il s'y était engagé vis-à-vis des autorités civiles, ce qui lui avait concilié leur faveur. Il alla voir à Paris M. Seguin-Dehons, évêque nommé de Troyes, pour l'attirer à son sentiment, à quoi il n'était pas loin d'être parvenu. A son tour, le P. Coudrin prit le chemin de Paris, et obtint du futur évêque que rien ne serait changé avant son installation.

Mais il y avait dissidence dans le Conseil de l'administration, et, comme il arrive d'ordinaire, entre les prêtres qui s'attachaient à l'un ou à l'autre parti. Il y eut contre les religieux des attaques regrettables. Néanmoins, le nouvel évêque, tiré en sens divers, témoignait plus d'estime au P. Coudrin, qui d'ailleurs avait les meilleures sympathies du clergé.

Mais la situation ne laissait pas d'être délicate. L'évêque désirait entretenir avec les autorités civiles d'amicales relations et celles-ci appuyaient l'abbé Hubert. En outre, il inclinait vers les doctrines gallicanes, et il n'ignorait pas les préférences du P. Coudrin pour les idées romaines. Un jour même il les lui reprocha en termes assez amers : Il ne faisait pas grand cas, disait-il, d'un ultramontain. Ultramontain, répondit le Père, j'avoue que je le suis, et que je me ferai toujours gloire d'être dévoué à la chaire de Saint Pierre. Et comme l'évêque semblait indiquer par là qu'il ne le conserverait pas comme grand vicaire, il ajouta : Au reste, Monseigneur, il vous sera facile de me remplacer.

Dans une autre circonstance, l'évêque laissa voir le fond de ses sentiments. Les Pères des Sacrés-Cœurs achevaient une mission à Bar-sur-Aube. Invité avec instances à en présider la clôture, il hésita longtemps à donner aux missionnaires ce témoignage de satisfaction. Toutefois, le touchant spectacle qu'il eut sous les yeux affaiblit ses préventions. Plus de trois mille personnes étaient revenues à Dieu ; leur piété pendant les cérémonies, le respect et l'affection dont ils environnaient les missionnaires, les regrets qu'ils témoignaient en les voyant partir, le déterminèrent à louer publiquement leur zèle et leurs succès. Bien plus, il adressa enfin au ministre la nomination du P. Coudrin comme premier vicaire général.

Cependant, le P. Coudrin, qui ignorait cette démarche, se croyait en disgrâce, quand il reçut, le 2 juillet 1826, une lettre de M. Perreau, vicaire général de la grande Aumônerie. Au nom du prince de Croy, M. Perreau lui offrait le titre de premier vicaire général de Rouen. Le P. Coudrin, toujours écarté de Paris, vit dans cette affaire une intervention de la Providence. Il accepta et partit de Troyes, le 25 juillet. Le 29, il écrivit à Mgr Seguin-Dehons, pour le prier d'agréer ses remerciements et lui annoncer qu'il ne reviendrait pas. La nouvelle se répandit promptement en ville ; il y eut des larmes et des plaintes ; ce qui obligea l'évêque à témoigner plus de bienveillance aux enfants du P. Coudrin.

Après quelques difficultés, venues du ministère, à cause de ce qu'on appelait les opinions, les doctrines du Père, devant la volonté expresse du prince de Croy, le ministre céda, et la nomination du P. Coudrin fut agréée par le Roi.

Le grand Aumônier lui accorda les pouvoirs les plus étendus, même celui de s'adjoindre tels collaborateurs qu'il lui plairait. Il s'engagea de plus à ratifier tout ce qui serait fait dans le diocèse de Rouen, tant par le P. Coudrin que par ses collègues.

L'humble fondateur n'avait pas de si hautes prétentions ; les honneurs lui étaient à charge. Son désir eût été, en s'éloignant de Troyes, de se fixer dans la maison de Picpus et d'y travailler exclusivement au développement de l'Institut. Mais les obstacles qui l'en avaient fait partir subsistaient toujours. Cette fois encore, il dut s'en remettre à la Providence du soin de diriger ses pas.

Cependant on rendait hommage à son mérite, et son cœur, s'il eut pris plaisir aux louanges humaines, aurait goûté quelque satisfaction. Un journal du temps, annonçant sa nomination comme vicaire général du prince de Croy, résumait en terme élogieux sa carrière ecclésiastique, et disait : M. l'abbé Coudrin réunit toutes les vertus sacerdotales; sévère pour lui-même, indulgent pour les autres; saint François-de-Sales et saint Vincent-de-Paul furent ses modèles. Le cardinal de Rouen ne pouvait faire un meilleur choix.

L'éloge n'avait rien d'exagéré. Des dignités ecclésiastiques le bon Père n'avait pris pour lui que le travail et l'exercice du zèle; il était demeuré pour lui-même et pour ses enfants le religieux pauvre et mortifié. A Troyes, il n'occupa jamais qu'une seule chambre; encore était-ce moins sa propre chambre que celle de tous. Il couchait dans une espèce de réduit, juste assez grand pour contenir un lit et une chaise. On fit instance pour qu'il la quittât au moment où sa santé se trouvait compromise; il s'y refusa par esprit de pénitence et d'humilité.

Il se vit cependant obligé d'adopter à Rouen un autre régime. Le prince de Croy séjournait longtemps à Paris, à cause de son titre de grand Aumônier. Lui-même tint à installer son nouveau grand vicaire, et dans ses fonctions et au palais archiépiscopal. Le Bon Père était presque honteux d'un luxe qui n'était pourtant pas de son fait : Voyez, disait-il au frère Sévérin, comme nous sommes logés; dans un palais!

Et dans ses lettres : « Malgré ma misère, écrivait-il, les palais des princes n'ont pas pour moi le même attrait que les pauvres greniers de Troyes et de la Motte d'Usseau. » — Ou bien : « Il y a longtemps que je fais l'expérience que Dieu est notre consolation ici-bas. J'ai beau voir les princes de la terre, habiter leurs palais, vivre de leurs mets, je sens de plus en plus que les légumes des trois enfants de la fournaise valent cent fois mieux que les douceurs que l'on goûte à la cour, et sur les parquets des Altesses Eminentissimes. »

Si le bon Père acceptait d'être associé à l'administration de divers diocèses, il avait garde d'oublier sa Congrégation qui était le fond de sa vie ; au besoin, il n'aurait pas hésité à sacrifier les dignités ecclésiastiques si elles avaient fait obstacle à sa principale vocation. De nouveaux établissements fondés, la tenue d'un nouveau chapitre général, un voyage à Rome qui en fut la conséquence tout prouve sa constante et paternelle sollicitude.

Du Chapitre de 1824, nous avons peu de chose à dire ; des règlements furent adoptés pour perfectionner l'œuvre. On prit le manteau rouge pour l'exercice de l'adoration.

A cette occasion, les capitulants et avec eux, tous les profès de la maison principale, renouvelèrent leurs vœux, selon la règle, entre les mains du vénéré fondateur. Leur nombre était de 72, celui des disciples du Sauveur, chargés de porter en tous lieux la bonne nouvelle. Si l'on ajoute à ce nombre une cinquantaine environ d'autre profès restés dans les autres maisons, on arrive à un total de 125 profès. La Congrégation n'avait pas tout à fait vingt-cinq ans d'existence.

Quant aux religieuses, elles s'étaient multipliées bien davantage encore ; on n'en comptait pas moins de 520 dans les douze maisons entre lesquelles elles se trouvaient réparties.

C'est peut-être ici le lieu d'étudier les rapports spirituels du fondateur et de la fondatrice, qu'en son langage filial la Congrégation appelle le Bon Père et la Bonne Mère. C'est un spectacle digne d'intérêt et même d'admiration qu'un homme et une femme travaillant de concert à une œuvre parallèle, avec une autorité distincte quoique subordonnée, soient demeurés, pendant près d'un demi-siècle, avec la même plénitude de paix, dans les rapports mutuels de la confiance, de l'estime, de la charité la plus parfaite.

Si d'un côté le P. Coudrin avait aux lumières même surnaturelles de la Mère Henriette une confiance qui nous semble le plus grand honneur de celle-ci, la Mère Henriette jamais ne se départit du respect et de l'obéissance qu'une fille spirituelle doit à son Père, une religieuse à son supérieur. Même dans les mesures qui relevaient plus particulièrement de son autorité, comme étaient des réparations à faire dans les maisons de sœurs, elle n'était pas en repos qu'elle n'eût obtenu de son Père une permission franche, une approbation complète.

La Mère Henriette avait reçu du ciel un don particulier et très élevé d'oraison. L'adoration réparatrice du T. S. Sacrement avait pour son âme des attraits irrésistibles. Pour y répondre, elle passait de longues heures, souvent la nuit entière, au pied du tabernacle; et tout nous porte à croire qu'elle y recevait de Dieu des lumières et des grâces extraordinaires. Ame de grande oraison, c'est par l'oraison qu'elle est inclinée vers le P. Coudrin. Il prêche comme je prie, disait-elle; ou encore : Pour le bien écouter et le bien comprendre, il faut se mettre en oraison.

Ils se rencontrèrent d'abord dans l'association des Sacrés-Cœurs, ils font connaissance au pied des autels. Bientôt, épaves de la révolution, dont ils ont vu toutes les horreurs, à laquelle ils n'ont échappé que par miracle, ils entreprennent d'en réparer les ruines, et ils commencent de concert, pour la poursuivre sans jamais se séparer, l'œuvre qui sera la Congrégation des Sacrés-Cœurs.

Parente de Mgr de Chabot, la Mère Henriette donne pour ami à son oncle le prêtre qui a sa confiance. C'est ainsi que le P. Coudrin deviendra vicaire général à Mende, dont Mgr de Chabot est devenu évêque, et qu'il fondera, dans ce religieux pays, la double maison qui, depuis un siècle, a donné tant de sujets à l'une et à l'autre branche de l'Institut.

Le P. Coudrin ne rendra pas moins de services aux filles de la Mère Henriette; ou plutôt, l'œuvre sera commune.

Et la correspondance fera foi de ce dévouement inaltérable. Dès l'origine il veut que l'on conserve précieusement l'histoire de la Bonne Mère. Il écrit à la sœur Gabrielle, qui a charge de rédiger les mémoires de la Congrégation : La Mère fait des merveilles. Si vous étiez ici, vous auriez grand besoin de tailler votre plume. En attendant, commencez votre vie, et continuez tout ce que vous pourrez de l'histoire.

Il recommande aux supérieurs des religieuses de faire grande attention aux sages conseils de la Mère Henriette : « Voyez, écrit-il au P. Isidore, à ménager toutes les santés; voyez à n'entrer dans aucun babil. Voyez à croire à tout, à tout ce que vous a tant dit la bonne Mère. »

Dans son humilité il attribue la grande part de l'œuvre à la Mère Henriette : « Je ne vois pas sans un certain attendrissement ce qui s'est passé depuis. Voilà bien des progrès pour un temps comme le nôtre, et surtout pour un père si timide et si craintif. Il est vrai que la bonne Mère porte la lumière; je ne fais que tenir le chandelier, mais je n'en ai pas moins une peur extrême de renverser la lampe et de laisser le tout dans les ténèbres par ma grande pusillanimité. Faites mieux que le guide, mes chers amis; car en vérité, je ne suis pas digne d'être appelé votre Père. »

De son côté, la bonne Mère dans toutes ses démarches et, en particulier, dans sa correspondance, témoignait pour le fondateur à la fois un respect filial, et un dévouement à toute épreuve. Le P. Coudrin avait accompagné à Paris, en 1804, Mgr de Chabot, à qui le pouvoir créait des difficultés. On parlait déjà de démission. La Mère prie son oncle de tenir bon, et au Père : Veuillez, dit-elle, ne pas laisser oublier, qu'on ne peut revenir qu'avec vous. Je me mets à vos pieds et vous supplie de me rappeler au souvenir de mon bon oncle. Toute votre famille pense sans cesse à vous; elle a en moi un mauvais interprète.

A une de ses filles, au Mans, où se trouvait le bon Père, elle écrit : « J'attends ce soir ma permission pour partir : Je vous prie d'être mon interprète. Vous savez tout ce que je voudrais dire à celui qui, après Dieu, est tout pour moi. Je lui demande un *Salve Regina* tous les jours pour moi. »

Etant à Tours, elle rend compte à son directeur et père de ses diverses démarches : « Je suis triste à la mort. Je ne sais en vérité ce que me présage cette morne douleur. Il est vrai que je m'éloigne de tout ce qui m'est cher. Veuillez prier pour moi; obtenez surtout que je sois bonne. J'ai plus besoin que jamais de me reposer sous votre égide, et je pense souvent, pour ma consolation, à tout ce que je vous dois, à ce que je suis, à ce que je devrais être, et plus encore au profond respect, au profond attachement avec lequel j'ai l'honneur d'être : Votre très humble et très obéissante servante.   Aymer, fille aînée, quoique indigne. »

Apprenant les succès du bon Père dans les chaires de Paris, elle s'en applaudit : « Je jouis, écrit-elle, des succès de notre *incomparable*, et vous félicite du meilleur de mon cœur d'en être le témoin. »

Au P. Hilarion elle écrit : « Votre lettre augmenta ma tristesse; nous eussions dû nous réjouir; car tout nous prouve que votre ami aura une place distinguée au rang des bienheureux. Il ne sera pas au commun des martyrs. »

Elle n'est pas moins heureuse de rendre témoignage aux fils du bon Père. Elle est à Cahors, et elle donne au supérieur général les nouvelles de l'Institut. Elle ne conclura d'affaires qu'après lui en avoir rendu compte. Elle ajoute : « M. Antoine (Le P. Astier, supérieur des religieux) fait des merveilles ; il est aimé et respecté des bons et des mauvais. Les ecclésiastiques en font grand cas ; il ne les voit guère cependant. Il a la sagesse et la prudence en partage. Il prêche assez bien ; en tout, on ne peut qu'être bien content de lui. Il vous aime bien, ainsi que tout ce qui est ici. »

En 1829, ayant à construire au couvent de Paris, elle réclame du bon Père une permission bien franche pour faire exécuter les travaux : « Notre bâtisse est commencée, mon bon Père. Je vous avoue que lorsque la première pierre a tombé, j'ai été saisie de l'idée que vous ne l'aviez permis que par grande condescendance ; cela me tourmente ; et chaque coup de marteau me fait mal. Enfin soyez assez bon de prier pour que cela réussisse, et croyez qu'il me faut plus que votre consentement pour être satisfaite de quelque chose. »

Si la règle accorde aux supérieurs des sœurs une assez grande autorité, si la mère Henriette désirait qu'elle fût plus grande encore, le P. Coudrin n'avait garde d'en abuser et avec une sagesse digne d'un fondateur, il traçait à ses enfants les règles de prudence qu'en matière si délicate on ne saurait trop méditer.

Le P. Hippolyte, supérieur de la maison des sœurs à Cahors, voulait déplacer certaines religieuses. Il lui écrit : « Pour ce qui regarde nos confrères, je consens bien, comme je l'ai toujours fait, que vous fassiez comme vous le croyez bon ; mais pour les sœurs, je crois qu'il faudrait consulter la Mère avant de mettre les personnes en route. Car, mon ami, elles s'y connaissent mieux que nous et l'expérience me prouve tous les jours les inconvénients de ce que je pourrais faire moi-même à cet égard. »

Et lui-même donnant l'exemple avec le précepte usait sur ce point de la plus sévère discrétion. Une lettre de lui, en une circonstance où tout, ce semble, l'invitait à agir, montre son extrême réserve. La supérieure de Troyes, sœur Philippine, était sa nièce ; une autre de ses nièces, sœur Henriette Coudrin, résidait à Paris. La santé de celle-ci ayant été éprouvée, on lui avait accordé de prendre quelques jours de repos à Troyes, auprès de sa sœur, et non loin de son oncle. La date fixée pour le retour était arrivée,

LA T. R^{de} Mère Henriette AYMER de la CHEVALERIE,

FONDATRICE DES RELIGIEUSES

DES SACRÉS-CŒURS ET DE L'ADORATION PERPÉTUELLE.

mais non pas la santé. Supérieur général, le P. Coudrin, sollicité en ce sens par la supérieure de Troyes, aurait pu décider que la malade prolongerait son séjour; par délicatesse, il s'en remit à la décision de la Mère Henriette :

« Bonne Mère, lui écrit-il, je suis assis au secrétaire entre nos deux nièces, dont l'une pleure parce qu'elle a promis d'arriver à Paris jeudi, et l'autre pense, avec le vieil oncle, qu'il faut vous écrire pour obtenir quelque temps de plus. De cette lutte de sentiments et de vues charitables et tendres, bonne Mère, il résulte cette petite lettre qui vous donnera toujours l'assurance que si nous pleurons de ne pas être auprès de la bonne Mère, au moins nous aimons à le lui dire.

« Ayez donc la bonté de nous répondre pour jeudi parce que nous mettrions en diligence les deux voyageuses vendredi, si vous n'accordez pas un congé plus long. Mais je dois sincèrement vous ajouter que je crois qu'une quinzaine encore ferait du bien à nos malades. Du reste, bonne Mère, croyez que vous êtes pour nous le grand médecin, et que vous serez obéie avec d'autant plus de promptitude que la chère Henriette, Philippine et le vieil oncle n'auront jamais de joie ni de bonheur qu'autant que vous aurez la bonté de les partager. »

La permission fut accordée. « ... Vous êtes le maître... Voyez dans votre sagesse, je dois être contente de tout. »

Par dévouement filial, la mère Henriette jouissait comme d'une bonne fortune personnelle de toutes les qualités qu'elle trouvait dans les religieuses, parentes du fondateur.

Dans un voyage qu'elle fit, probablement à Tours, auprès de l'archevêque, Mgr Duchilleau, son parent, elle s'était fait accompagner de la Sœur Henriette Coudrin. A son retour, elle écrit : « Mon bon Père, mon premier besoin est de vous dire que nous sommes arrivées à bon port, grâce à vos bonnes prières, car votre pauvre fille espère que vous ne l'oubliez pas. J'avais pris avec moi ma chère Henriette, qui s'est conduite comme un ange. J'avoue que je suis bien aise de montrer mes enfants chéris. Il n'y a pas d'accueil que le bon archevêque ne lui ait fait. Cela a redoublé mon affection pour lui. Adieu. Agréez mon tendre respect et tous les sentiments dont mon triste cœur est capable. »

Dans cette correspondance, dont nous avons détaché quelques fragments, on voit se dessiner le caractère des deux fondateurs, leurs sentiments réciproques et la nature élevée de leurs relations. La Mère Henriette, plus vive, plus expressive, ne craignant pas de donner sur les personnes et les choses son appréciation quelquefois piquante, est pleine d'une tendresse respectueuse et filiale pour son Supérieur et Père. Un peu plus âgée que lui, elle embrasse d'un amour presque maternel les neveux et nièces du fondateur. Tandis que, retenu par la crainte délicate de donner trop à la chair et au sang, le bon Père semble ne pas s'occuper de ses parentes, devenues par la religion les filles de la Mère Henriette, celle-ci donne à son cœur toute liberté de les aimer: elle se glorifie de leurs qualités, de leurs vertus et de leurs succès.

Aussi obéissante que dévouée, bien qu'elle soit Supérieure générale, maîtresse immédiate des maisons des Sœurs, elle ne veut rien entreprendre, ni fondations, ni constructions, ni arrangement de personnel, sans l'aveu ou la permission bien expresse de son Supérieur. Qu'il commande, qu'il exprime un désir, elle changera tout ce qu'il voudra.

En même temps elle est avide de ses conseils spirituels, de ses pieuses exhortations; sans cesse elle l'appelle pour recevoir de lui lumière et force. « Vous pleurez à l'entendre, écrivait-elle à Troyes, et nous, nous pleurons de ne l'entendre pas. » Elle s'inquiète de sa santé, du peu de soin qu'il en prend. Sévère à elle-même, et d'une mortification qui effraie, elle réclame avec instances que lui-même prenne des précautions, qu'il ne fasse pas à pied de longs trajets pour les missions, qu'il occupe une chambre moins étroite et moins humide, en un mot, qu'il se conserve pour la gloire de Dieu et le bien de la famille.

Initiée à ce qui se passe parmi les fils spirituels de son Père, qui la consultent elle-même comme une mère, elle n'a garde de rien trancher, mais avec une délicatesse digne de son noble cœur, elle en glisse doucement un mot à l'oreille du fondateur, avec prière de ne pas la nommer.

De son côté, le P. Coudrin a une confiance sans bornes en sa fille spirituelle. Il connaît son genre d'oraison, les lumières, les grâces extraordinaires que Dieu lui accorde. Sans en faire la règle de sa conduite, sans même en parler, sinon à mots couverts, et à des confidents intimes, il y puise de la force, il y trouve un encouragement. Humble et méfiant de lui-même, c'est à la Mère Henriette qu'il attribue le succès de ses entreprises. Par ses prières, pense-t-il, elle avance les affaires beaucoup plus que les hommes par leurs agitations. Les missions de Troyes ont réussi, moins parce que les missionnaires sont éloquents et zélés que parce que la Mère Henriette a placé ses filles en adoration réparatrice devant le Très Saint Sacrement.

Si parfois la Mère Henriette rencontre des difficultés dans le gouvernement de ses filles et en exprime sa peine à son Père spirituel, celui-ci en gémit et s'en plaint plus vivement que si on lui eût manqué à lui-même. Il veut que même ses fils, bien qu'ils ne relèvent pas d'elle, aient pour la fondatrice une déférence, un respect particuliers, parce qu'à ses yeux elle est la mère des uns comme des autres.

Touchant combat de déférence et d'humilité, où chacun attribue à l'autre la grâce et le succès, et où chacun sans doute a raison, s'il était dans le plan de Dieu, comme tout porte à le croire, que l'œuvre dût sortir de leurs communs mérites et de leurs communs travaux !

Et ces rapports d'intimité, de mutuelle confiance ont duré quarante ans, sans nuage, sans altération, ou plutôt avec un accroissement de surnaturelle confiance. Pour qui connaît la nature humaine, les passions qui, souvent, grandissent avec l'âge, les intérêts qui se heurtent, les changements qui surviennent, il paraîtra évident que, sans un secours d'en haut tout spécial, une entente si parfaite n'aurait pas pu durer.

Ainsi, sans doute, à la Congrégation, formée de deux branches qui doivent vivre de la même vie, obéir aux mêmes Supérieurs, et atteindre de concert au même but, quoique par des œuvres différentes, Dieu préparait, dans la vie des deux fondateurs, un modèle à la fois et une grâce d'union, de déférence, de dévouement et de sainte charité, qui lui assureraient l'harmonie et la prospérité.

CHAPITRE V

Dans un voyage à Rome, le fondateur s'était offert pour évangéliser telle partie du monde infidèle que le Saint-Siège voudrait bien confier au zèle de ses enfants. Rome n'oublia pas sa demande.

Un des chefs des iles Sandwich ou Hawaii, Liholiho, qui avait du goût pour les mœurs européennes, fit en 1820 un voyage en Angleterre, en compagnie d'un secrétaire français, M. Rives. Le roi Liholiho étant mort à Londres, M. Rives passa en France pour régler des affaires de famille. Il vit à Paris M. l'abbé Langlois, supérieur des Missions étrangères. Comme il se proposait de retourner aux Sandwich, il désirait emmener avec lui, disait-il, des missionnaires catholiques et promettait de leur procurer dans ces îles, où il possédait de vastes domaines, tout ce qui était nécessaire à leur subsistance. Faute de sujets, M. Langlois n'accepta pas cette offre; mais, sur un désir exprimé par M. Rives, il transmit la proposition à la Propagande.

Mgr Caprano, à qui le P. Coudrin avait adressé son mémoire, s'autorisa de ce document pour prier le cardinal della Somaglia, préfet de la S. C. de confier cet archipel aux enfants des Sacrés-Cœurs.

La chose plut au cardinal, qui en écrivit aussitôt au P. Coudrin. L'offre semblait providentielle. Le P. Coudrin répondit par une acceptation empressée et reconnaissante, et il demandait des pouvoirs pour trois missionnaires, avec prière d'en hâter l'expédition.

A cette époque l'œuvre si apostolique de la Propagation de la foi n'existait pas encore; les missionnaires devaient se procurer par eux-mêmes les ressources nécessaires pour ces lointains voyages. De là des pourparlers sans fin avec les personnages officiels pour obtenir le passage gratuit sur les navires de l'Etat, la protection nécessaire pour l'exercice de leur zèle. On vit alors un singulier mélange, ou, pour mieux dire, un conflit presque continuel entre la raison des hommes et les dispositions de Dieu;

et une fois de plus la Providence démontra que dans les entreprises religieuses elle se réserve le dernier mot et que c'est sur elle qu'il faut surtout compter.

Des difficultés de toute sorte se dressèrent contre l'entreprise. Quand les pouvoirs des missionnaires furent arrivés de Rome, le Nonce appela le bon Père à Paris, mais avant de les lui délivrer, comme les bonnes dispositions du gouvernement français semblaient un peu se démentir, il lui témoigna le désir d'avoir de Rome de nouvelles instructions.

C'était prudence, car les missionnaires eussent été peut-être exposés à mourir dans un complet dénûment sur des plages lointaines; ce fut aussi pour le P. Coudrin une belle occasion de faire appel au zèle apostolique et à l'esprit mortifié de ses enfants. Il répondit au Nonce qu'en acceptant la mission offerte par la Propagande il s'était attendu à des peines et à des traverses; que s'il avait cherché la protection des hommes, c'était pour ne manquer à aucune règle de la prudence, mais qu'enfin il y comptait peu; qu'après avoir tout examiné, tout pesé mûrement devant Dieu, il était décidé, sitôt que le Saint-Siège lui en aurait conféré les pouvoirs, à faire partir les missionnaires, lesquels mettaient leur confiance en Dieu et en Dieu seul. Il priait enfin le Nonce de transmettre à Rome l'expression de ses sentiments.

Rome ne tarda pas à envoyer son consentement définitif. Le bon Père reçut du Nonce, le 1er février 1826, toutes les pièces relatives à la mission des îles Sandwich.

Aussitôt le P. Coudrin revint à Picpus et fit appeler sur le champ les trois prêtres destinés à la mission. Quand ils furent arrivés devant lui, le vénéré fondateur se mit à genoux et récita le *Veni Creator*. Après quelques instants d'une prière silencieuse, il se releva et tendit respectueusement au Père Alexis ses pouvoirs de Préfet apostolique; puis, se remettant à genoux, il sollicita sa bénédiction. En voyant à ses pieds son supérieur et Père, le P. Alexis ne put retenir ses larmes : il hésitait à bénir celui qui tant de fois l'avait béni lui-même. Il obéit enfin avec une émotion que partagèrent les témoins de cette scène.

Le départ semblait ne devoir pas se faire attendre. M. Rives ne cessait de témoigner son vif désir d'emmener les missionnaires. Non moins zélé, le baron de Damas faisait promettre quatre mille francs pour couvrir les premiers frais d'installation, et l'archeyêque de Rouen avait donné aux voyageurs tous les pouvoirs nécessaires jusqu'à leur arrivée.

Tout fut remis en question au moment où tout semblait fini. M. Rives n'avait pas dit un mot des missionnaires aux armateurs. Or, les principaux chefs de l'entreprise étaient deux banquiers juifs, MM. Javal, qui, sous de belles paroles, couvrirent un refus.

Devant ces difficultés, le P. Alexis Bachelot s'offrit à partir seul, pour aller prendre à Sandwich même tous les renseignements nécessaires : « Muni de quelques *sub tuum* à Notre-Dame de Paix, écrit-il au bon Père, de l'habit blanc et de votre bénédiction, je partirai tranquille et la joie au cœur. » La prudence du Père n'agréa pas ce généreux sacrifice.

De nouvelles démarches furent faites en d'autres directions : enfin, après force pourparlers, M. Catineau-Laroche, chef de division au bureau du commerce et des colonies, annonça que les trois missionnaires et les trois frères qui les accompagnaient partiraient sur le navire la *Comète*.

Désormais on ne songea plus qu'aux derniers préparatifs. Tandis que le frère Melchior surveillait l'achat des instruments destinés à la mission, le P. Coudrin, par une circulaire, demandait à tous ses enfants des prières pour la nouvelle œuvre et pour ceux qui en étaient chargés.

Le même jour (8 septembre 1826), le Supérieur général institua le P. Alexis supérieur du futur établissement des iles Sandwich, avec faculté de désigner à sa place un autre supérieur.

On se rappelle que l'habit religieux, adopté en principe, n'avait pu être pris en France, à raison de l'état des esprits. Les circonstances n'étaient pas les mêmes au dehors, surtout chez des peuplades lointaines. Aussi les missionnaires désiraient-ils vivement le revêtir. C'était un vœu trop légitime pour qu'on n'y fît pas droit. Une touchante cérémonie réunit donc toute la communauté de Picpus à la chapelle, le 13 septembre 1826. Le bon Père bénit solennellement les vêtements religieux, après quoi les trois prêtres et le F. Théodose prirent la soutane blanche et le scapulaire des Sacrés-Cœurs; les trois frères convers prirent de leur côté la soutanelle et le scapulaire. Ainsi revêtus des insignes de leur profession, tous renouvelèrent leurs vœux entre les mains du Supérieur général, et celui-ci, avec cette éloquence du cœur qui lui était habituelle, adressa une allocution de circonstance, qui fit couler bien des larmes. Puis il se prosterna successivement devant eux, et malgré leur résistance il leur baisa respectueusement les pieds. Toute la communauté suivit son exemple. Les missionnaires demeurèrent quelques jours encore à Paris. Le 25 septembre, après avoir donné une dernière fois le baiser de paix à leurs frères, qui tous voulurent encore recevoir la bénédiction du Préfet apostolique, ils partirent. A Poitiers, au berceau de l'Institut, ils reçurent un accueil qui les toucha profondément. A Bordeaux, la famille Changeur, qui les hébergea, eut pour eux toute sorte de prévenances. Ces messieurs, disait-il, ont si peu de besoins qu'il est bien facile de les satisfaire.

Une lettre du bon Père vint encore les encourager : « Mon cœur et mon esprit vous suivront, leur disait-il, vous accompagneront jusqu'au moment où nous aurons de vos nouvelles. Aimez-vous les uns les autres; n'ayez qu'un cœur et qu'une âme. Les saints anges vous aideront, vous éclaireront, vous conduiront au port... Adieu, chers, bons et dignes amis. Je vous trouve bien heureux d'être les premiers appelés de la Congrégation pour succéder au ministère de saint Paul et de saint Barnabé. Que la grâce et la paix de son divin Cœur soient avec vous tous. »

Le P. Alexis, parlant de cette lettre, disait : C'est bien le bon Père, il aime tendrement ses enfants; dites-lui qu'il en est et en sera toujours bien aimé.

Les missionnaires partirent enfin de Bordeaux le 24 novembre 1826. Après quatre-vingts jours de navigation, ils abordèrent au Chili le 8 février 1827. Ils trouvèrent à Valparaiso, chez les Pères Franciscains, un accueil fraternel. Repartis le 25 février, ils touchèrent enfin aux îles Sandwich, le 9 juillet 1827.

Un des vœux les plus chers à l'âme du fondateur était réalisé.

Le Père Coudrin a Rouen.

Pendant ce temps le P. Coudrin servait à Rouen, d'une autre manière, les intérêts de sa famille religieuse. L'orage grondait, et il pensa que, vicaire général du grand-aumônier de France, il y aurait moyen pour lui, disait-il, d'empêcher l'œuvre d'être persécutée. C'est ce qu'il expliquait plus tard à une supérieure, la Mère Benjamine, dont le nom lui inspira cette image biblique : « Soyez en paix, mes chères filles, dans la terre de Gessen et n'oubliez pas votre bien affectionné patriarche Joseph, qui gémit

en Egypte, malgré les honneurs où l'ont élevé les bontés du prince
qui y réside. Il se voit et se sent en exil, tant que la famine le
forcera de vivre en pays étranger. »

Les détails de l'administration n'appartiennent pas à cette
histoire. Si la charge était lourde, — car l'archevêque, grand-
aumônier, résidait le plus souvent à Paris, et s'en remettait à son
premier vicaire général du soin de régler toutes choses, — la
bonté de son âme, la sainteté de sa vie lui eurent bientôt concilié
la portion la plus respectable du clergé rouennais, en même
temps qu'elles lui valurent la confiance des religieuses et des
pieux fidèles. Voici le témoignage que lui rendit bientôt M. Libert,
deuxième vicaire général : « Je ne puis m'empêcher, écrit-il au
prince de Croy, de vous dire un mot de mon respectable collègue.
Votre Altesse ne pouvait faire un meilleur choix pour son diocèse.
Outre ses grands talents et son éminente piété, il a encore l'avantage de se faire aimer, ce qui le met à même de faire ici le plus
grand bien. Il n'est pas du nombre de ceux qui veulent dominer
dans le clergé, mais par toute sa conduite il est le modèle du
troupeau. *Non dominatur in cleris, sed forma gregis ex animo.* A
l'exemple du grand apôtre, il reprend avec bonté, avec charité,
avec patience, se souvenant de cette belle maxime du saint Concile
de Trente : *Ergà corrigendos plus agit benevolentia quam auste-
ritas, plus charitas quam potestas.* »

Le cardinal prince de Croy s'en remit à sa sagesse avec une
entière confiance. « Je vous abandonne, cher M. Coudrin, lui
écrit-il, le soin de décider... Plus vous prendrez sur vous, plus je
serai content. Vous faites bien de finir vos lettres tout court.
Savoir que vous vous portez bien et que vous me voulez un peu
de bien, voilà l'important pour moi. »

Le grand-vicaire religieux ne tarda pas à mettre au service du
diocèse le zèle de ses enfants. Se rappelant quel bien l'œuvre des
missions avait produit naguère à Troyes, il résolut de procurer
les mêmes avantages au diocèse de Rouen. Coïncidence remar-
quable : la première mission fut ouverte à Forges-les-Eaux, en la
fête de saint François-Xavier, le 3 décembre, comme s'étaient
ouvertes les missions de Troyes en 1820. Entre les missionnaires,
nous voulons signaler ici le P. Martin Calmet, l'un des enfants
préférés du bon Père, qui devait prendre comme professeur de
morale au séminaire une place si éminente dans le diocèse,

et laisser dans le souvenir des prêtres une mémoire embaumée.

De l'archevêché de Rouen où il faisait sa résidence, le Père suivait ses enfants et les encourageait ou dirigeait de ses sages avis :

« Vous faites bien, mon cher ami, de réunir le plus de monde possible. Mais tout ce dehors sera peu de chose si on ne confesse pas... Soyez surtout bien prévenant pour Messieurs les curés qui iront vous voir.

« Je suis d'avis que vous n'alliez pas manger ailleurs que chez vous, à moins de nécessité. Soyez bien vigilant, pour qu'il ne vous échappe rien qui puisse donner prise contre vous... Adieu, du courage, de la ferveur, et Dieu ratifiera dans le ciel la bénédiction du pauvre Père Marie-Joseph. »

Dans une autre lettre : « Tenez-vous au confessionnal le plus que vous pourrez, même pour y dire votre bréviaire, vos prières, etc. C'est le matin de bonne heure et le soir tard qu'on se détermine à se confesser. Bon courage, mes chers amis, je prie toujours pour que vous soyez consolés et que beaucoup se convertissent. Mille choses au bon Pasteur. »

Sur ces entrefaites, les fameuses ordonnances de 1828 mirent la vertu du Père Coudrin à une rude épreuve. Vicaire général, il devait défendre au nom de l'archevêque les séminaires atteints sinon fermés; supérieur religieux, il souffrait davantage encore, puisque ses maisons d'éducation étaient dissoutes. Au nom du cardinal, il manœuvra pour sauver les séminaires, il fit des concessions, que peut-être livré à lui-même il n'eût pas consenties, et les petits séminaires reprirent le cours de leurs études.

Les supérieurs et directeurs des séminaires avaient pu déclarer par écrit en toute vérité et conscience qu'ils n'appartenaient à aucune congrégation non reconnue et par là, suivant le langage évangélique du P. Coudrin, le bois vert du cardinal échappait au feu ; mais son pauvre bois sec fut la proie des flammes. Les cinq collèges de la congrégation furent fermés.

Sur ce terrain, le fondateur, plus libre, est beaucoup plus tranché ; il ne permet pas qu'on signe aucune déclaration, pas même certaines formules vagues qui auraient pu sauver la situation.

Il écrit à Sainte-Maure : « Bien entendu, vous ne ferez aucune promesse, aucune déclaration ; recevez vos jeunes élèves, et soyez ferme à attendre que la gendarmerie vienne vous forcer et qu'elle-même les mette dehors. »

A Mende : « Qu'ils aient tous une grande fermeté pour ne pas se laisser séduire; qu'ils soient bien en garde contre toutes les nouveautés. Ils ont tout à craindre de ceux qui croient que les ordonnances n'attaquent pas la religion. Je les prie de bien suivre les sentiments de foi, de piété, de force et de fermeté que les saints nous ont tracés par leur conduite et leurs exemples. »

A Cahors : « Je suis extrêmement sensible à la bienveillance de Monseigneur à votre égard; ne manquez pas de lui en marquer ma respectueuse reconnaissance; mais soyez bien persuadé qu'à Cahors comme à Rouen on exigera une déclaration que notre conscience ne peut faire en sûreté, c'est-à-dire que les professeurs n'appartiennent à aucune congrégation religieuse. Ainsi *sint ut sunt, aut ab impietate deleantur. Deus providebit.* »

Vers le mois d'octobre 1829, le P. Coudrin eut avec le ministre, en présence du prince de Croy, un entretien qui lui donna pour l'avenir de la monarchie les plus tristes pressentiments. Le ministre était M. de Montbel. Le P. Coudrin lui parla avec force contre les ordonnances; il insistait sur le scandale que donnerait, en les maintenant, un ministère composé d'hommes religieux. Serré d'un peu près, le ministre convenait du mal produit par les ordonnances, mais ne promettait rien. Et comme il paraissait quelque peu surpris de la liberté prise par son interlocuteur, le prince de Croy, qui s'en aperçut, dit au ministre : le P. Coudrin a l'habitude de dire franchement ce qu'il pense.

Quelques jours après, le P. Coudrin disait : Qu'il est à craindre que la faiblesse de ce ministère royaliste ne nous amène à une ruine totale!

En attendant, il fut obligé de fermer ses cinq collèges, de Paris, Poitiers, Laval, Cahors et Mende, et les deux écoles de Sainte-Maure et de Sarlat, qui étaient un commencement de collège.

Le bon Dieu tire le bien du mal, conclut le P. Hilarion dans ses mémoires. Plusieurs jeunes frères, employés dans l'enseignement, ne pouvaient pas suivre des cours de théologie; ils furent ramenés à la Maison-mère, où ils se préparèrent à porter en Polynésie le flambeau de la foi.

Le P. Coudrin avait combattu le bon combat. S'il fut contraint de céder à la force, du moins, il avait soutenu les principes, et il pouvait espérer que Dieu, à qui il avait été fidèle, ouvrirait de nouveaux champs au zèle de la Congrégation. Sur ces entrefaites, la mort de Léon XII appela au Conclave le cardinal de Croy et le P. Coudrin l'accompagna à Rome.

Au milieu d'affaires aussi importantes que l'élection d'un pape, la pensée du bon Père se portait vers les siens. Les missionnaires des îles Sandwich avaient envoyé de leurs nouvelles; il voulut les connaître en détail, afin de les communiquer à la Propagande. Il eut aussi l'idée, Rome étant le centre de la catholicité, d'y fonder une maison de l'Institut, une sorte de séminaire, où seraient élevés et instruits les futurs apôtres des missions lointaines. Je fais tout ce que je peux, écrit-il au P. Raphaël, supérieur de la Maison-Mère, pour obtenir ici un petit coin où mettre le pied au moment du naufrage; je n'ai pu encore y réussir.

Ce désir du bon Père devait rester à l'état de projet; plusieurs obstacles en arrêtèrent l'exécution.

A la suite du prince de Croy, il visite les sanctuaires célèbres, mais pendant que les autres admirent les œuvres d'art, moi qui n'y connais rien, dit-il, je suis de loin la compagnie, comme saint Pierre, et je me trouve bien heureux d'avoir cette occasion d'entrer partout, mais pour m'occuper de tout autre chose que ce qui fait l'admiration de tout le monde.

Dans ce voyage, le Père Coudrin reçut le titre de prélat familier du Pape; à ces honneurs de la terre il préférait les grâces spirituelles. Après avoir fait ses dévotions et pèlerinages, suivant les inclinations de sa piété, laissant à Rome le prince de Croy, il reprit le chemin de la France. En passant à Troyes il fut reconnu, ce qui lui valut une sorte de triomphe.

Des affaires plus importantes l'appelaient à Rouen. Depuis longtemps le prince de Croy nourrissait la pensée de confier aux fils de son vicaire général la direction de son grand séminaire, non qu'il n'y eût dans son clergé des prêtres éminents fort capables de former les jeunes lévites; M. Holley, entre autres, a laissé de profonds souvenirs; mais attaché du fond de l'âme aux doctrines romaines, il tenait à inculquer ses sentiments dans l'esprit de son clergé, et il pensait qu'il y réussirait mieux en confiant l'éducation de ses clercs à des religieux déjà connus pour leur dévouement aux doctrines de l'Eglise romaine. La mission était délicate autant qu'honorable. A travers certaines difficultés, les supérieurs et professeurs qui se sont succédé au séminaire jusqu'à ce jour ont obtenu confiance et sympathie dans le diocèse.

Dans l'administration du diocèse le vicaire général rencontra quelques gallicans; il protégea les ultramontains, qui déjà se tournaient vers l'Eglise romaine.

La sollicitude du bon Père allait des affaires diocésaines aux intérêts de sa Congrégation. Les religieuses des Sacrés-Cœurs étaient établies à Rouen; on les demandait à Yvetot. La fondation se fit dans une pauvreté extrême, qui fut généreusement supportée. Peut-être ce dénûment fut-il le principe de la prospérité qui le suivit.

Armoiries des Îles Sandwich.

Le R. P. François-d'Assise CARET,
APÔTRE DES ÎLES GAMBIER.

CHAPITRE VI

Les ordonnances de 1828, comme l'avait pressenti le P. Coudrin,
ne portèrent pas bonheur aux Bourbons. Une seconde fois, ils
durent prendre le chemin de l'exil. La religion subit le contre-
coup de la Révolution de 1830, et, malgré son obscurité, l'Institut
des Sacrés-Cœurs fut aussi atteint.

A plusieurs reprises, les bandes révolutionnaires pénétrèrent dans
la maison de Picpus et la fouillèrent en tous sens. Les enquêtes
minutieuses ne révélèrent rien de suspect. En février 1831,
pendant que Saint-Germain-l'Auxerrois et l'archevêché étaient
saccagés, les émeutiers escaladèrent les murs de Picpus, pénétrèrent dans la maison, s'appropriant ce qu'ils trouvaient à leur
convenance, jetant le reste dans la rue. Ils entrèrent à la chapelle;
ils allaient profaner le Saint Sacrement, quand le P. Caret, le
futur apôtre des sauvages de l'Océanie, se précipitant devant les
sauvages de la capitale, parvient à sauver les saintes espèces, en
prenant le ciboire sous ses vêtements. Par malheur, un nouveau
détachement survient, qui entraîne au poste le P. Caret et deux
autres Pères. Au milieu de l'agitation croissante, le P. Caret, pour
éviter une profanation plus grave, consomma les saintes espèces
dans le corps de garde même. Ainsi se trouva suspendue pour un
temps, à Picpus, l'adoration perpétuelle du Très Saint Sacrement.

La maison n'était plus habitable. Les séminaristes irlandais se
dispersèrent, les frères étudiants furent envoyés les uns à Séez,
les autres à Mende, et ils continuèrent comme ils purent leurs
études théologiques.

Les prêtres, sur l'ordre du P. Coudrin, prirent du ministère en
divers diocèses, surtout dans celui de Rouen. Ils firent honneur à
l'Institut, le P. Liausu particulièrement. L'évêque de Périgueux
lui avait confié une paroisse si mal disposée qu'elle refusa presque de recevoir le nouveau curé. Devant un tel accueil, le P. Bernard, supérieur de la maison de Sarlat, qui l'avait accompagné,
lui proposa de le ramener. Non, répondit le P. Liausu, c'est le

bon Dieu qui m'a envoyé, je ne partirai que par la force. Il resta, et il déploya tant de zèle et de prudence à la fois que bientôt les habitants touchés revinrent à lui, et qu'en partant pour l'Océanie, où l'obéissance l'envoyait, il emporta les regrets unanimes de cette population convertie.

La chute de la maison des Bourbon entraîna celle de la grande aumônerie. Le prince de Croy, n'étant plus retenu habituellement hors de son diocèse, put s'occuper davantage de l'administration et laisser au P. Coudrin plus de liberté, sans lui retirer une parcelle de sa confiance.

Le siège de Bagdad était devenu vacant par la mort de Mgr Coupperie, survenue en avril 1831. Ce siège devait être occupé par un Français. Désireux de faire un bon choix, le préfet de la Propagande s'adressa au cardinal de Croy. Bagdad étant un pays de mission, le prince pensa qu'un religieux occuperait plus utilement le poste, et il demanda au P. Coudrin un de ses fils. Celui-ci jeta les yeux d'abord sur le P. Martin Calmet, professeur de morale à Rouen, son enfant de prédilection. Mais comme le cardinal aussi l'aimait beaucoup, il ne consentit pas à s'en séparer. Alors le bon Père présenta le P. Raphaël Bonamie, qui enseignait le dogme au grand séminaire de Tours. Le nouveau candidat fut immédiatement agréé à Rome.

Comme il se dirigeait vers son diocèse, un ordre du Saint-Siège, qu'il reçut à Alep, le chargea de l'administration de Smyrne. Un second bref l'institua en 1835 archevêque de ce nouveau diocèse, et il le gouverna avec habileté et succès jusqu'en 1837; époque où les suffrages de ses frères l'appelèrent à succéder au fondateur qui venait de mourir.

Le P. Coudrin touchait au terme de sa carrière. Ses dernières années furent un mélange de succès consolants et d'épreuves douloureuses. L'évêque de Boston, dans l'Amérique du Nord, lui ayant demandé deux prêtres français pour évangéliser deux tribus sauvages de son diocèse, il envoya les Pères Edmond et Amable, avec la recommandation qu'ils ne fussent pas séparés. Dieu bénit leurs travaux. Le bon Père en avisait ses enfants en ces termes : Mgr de Boston m'écrit que les Pères Edmond et Amable ont fait le plus grand bien parmi les sauvages de son diocèse; qu'ils prêchent dans leur langue d'une manière étonnante, qu'il en a confirmé quatre-vingt quatorze, qu'il a vu un nombre très considérable

Mgr BONAMIE,

ARCHEVÊQUE DE SMYRNE,

SECOND SUPÉRIEUR GÉNÉRAL DE LA CONGRÉGATION

DES SACRÉS-CŒURS.

s'approcher de la table sainte de la manière la plus édifiante.

Le P. Edmond mourut après quelques années seulement de travaux. La Congrégation ne garda pas cette mission détachée. Le P. Amable fut envoyé à Valparaiso, où il poursuivit ses travaux apostoliques dans la compagnie de ses frères jusqu'à sa mort. (23 septembre 1860).

Cependant, la mission des îles Sandwich était en butte à une violente persécution. Poussés par les méthodistes, les agents du gouvernement avaient enlevé de force et transporté en Californie les Père Patrice Short et Alexis Bachelot. Quant aux insulaires convertis, on les accablait des plus cruels traitements. Beaucoup gémissaient dans les fers ; une femme y avait même succombé. Il fallait venir au secours de cette chrétienté si durement éprouvée.

D'autre part, plusieurs îles de la Polynésie méridionale paraissaient favorables à l'Évangile. A s'étendre de ce côté, on gagnerait à la fois de procurer la gloire de Dieu et d'assurer, au besoin, une retraite aux missionnaires de Sandwich, toujours exposés à quelque coup de violence.

En conséquence, le bon Père demanda au Saint-Siège et obtint que ce nouveau territoire fût confié au zèle de ses enfants. Un bref instituait le P. Jérôme Rouchouze, vicaire apostolique de l'Océanie orientale, avec le titre d'évêque de Nilopolis. Le P. Chrysostome Liausu était nommé préfet apostolique pour les îles Sandwich, un deuxième pour Tahiti, un troisième pour les îles Marquises.

La Providence allait intervenir pour fixer l'Institut dans l'Amérique du Sud. Deux caravanes devaient partir successivement, la première composée de quatre missionnaires, conduite par le P. Chrysostome ; la seconde de sept autres, qui devaient accompagner le vicaire apostolique. En attendant que le P. Jérôme fût sacré, les premiers missionnaires partis de Bordeaux arrivèrent au Chili, à Valparaiso, mai 1834.

Or il y avait là un vénérable religieux récollet, le P. André Caro, qui depuis de longues années exerçait un ministère fructueux ; mais il était seul, accablé de vieillesse. La moisson serait-elle abandonnée faute de moissonneurs ? Le P. André priait et faisait prier. Rien n'arrivait cependant. — Dieu écoutera-t-il enfin les prières de P. André, lui demanda un ami touché de sa persévérance? — J'ai le ferme espoir, répondit le saint homme, qu'avant de mourir je chanterai joyeux le *Nunc dimittis*.

Le 23 mai 1834, la *Sylphide* déposait au port de Valparaiso, entre autres passagers, trois prêtres, vêtus de blanc, portant sur la poitrine le scapulaire des Sacrés-Cœurs. Un frère, qui les accompagnait, demande à la foule où est le presbytère. On conduit les voyageurs chez le P. André Caro, qui venait d'achever sa messe.

Béni soit Dieu qui vous envoie pour sauver les âmes, leur dit-il en les accueillant; ma maison est pauvre, mais elle est à vous; nous nous assoierons à la même table; au même autel nous dirons la messe, un même toit nous abritera. Rien ne vous manquera ici, puisque Dieu vous y envoie? Et il entraîna la foule à l'église pour y chanter le *Te Deum*.

Mais ce n'était pas pour cela qu'étaient venus les missionnaires. Il n'importe, répétait le vieux franciscain, la volonté de Dieu est que vous restiez ici. Et il faisait valoir les raisons les plus graves. Qu'un de vous au moins s'arrête. Si vous ne pouvez aborder auprès des sauvages, où vous trouvera Mgr Rouchouze? Qui lui donnera de vos nouvelles? Ici, vous avez un asile, ou pour recueillir les missionnaires repoussés, ou pour recevoir ceux qui viendront d'Europe. Croyez-moi, la volonté de Dieu est que vous restiez ici.

Ébranlés mais non décidés, les Pères poursuivirent leurs préparatifs de départ. Un navire avait été trouvé, ils allaient s'embarquer et le P. André les accompagnait. Au dernier moment, il se jette au cou du P. Chrysostome : Laissez partir le P. Caret, et demeurez avec moi; je crois que telle est la volonté de Dieu. Le Père resta. Mgr Rouchouze, en arrivant en février 1835, au lieu de blâmer la décision, détacha un autre Père de sa caravane, et le laissa comme compagnon au P. Chysostome. Le vieux Récollet confia aux deux Pères son œuvre commencée. Ceux-ci la continuèrent; plus tard, ayant reçu du secours, ils fondèrent une école gratuite, puis un collège. Le P. André avait ouvert la porte aux Pères des Sacrés-Cœurs, qui ont établi dans le Chili et dans les autres républiques américaines une province florissante.

Cependant, les Pères Laval et Caret voguaient vers les Gambier, où ils arrivèrent le dimanche 10 août, fête de saint Laurent. En touchant la terre, leur premier mot fut celui-ci : *Pax huic insulæ et omnibus habitantibus in ea.* Paix à cette île et à tous ses habitants!

Mgr Étienne ROUCHOUZE,

ÉVÊQUE DE NILOPOLIS,

PREMIER VICAIRE APOSTOLIQUE DE L'OCÉANIE ORIENTALE.

Nous raconterons à part l'histoire touchante de cette mission, qui, dès 1836, faisait dire au P. Maigret : Oh! si le bon Père voyait ce que nous voyons, entendait ce que nous entendons, comme il pleurerait de joie !

Le bon Père ne le vit pas; il approchait de sa fin; Dieu, qui préparait sa couronne, le soumit à des épreuves plus sensibles, comme pour consommer sa vertu.

La série des pénibles sacrifices commença par Rouen. L'abbé Fayet, inspecteur général jusqu'en 1830, avait été destitué par le gouvernement de juillet.

Il eut une heure douloureuse, pendant laquelle le bon Père lui tendit la main. S'il me répond tout de suite, écrivait-il au Père Régis à Mende, je pourrai lui offrir la station de carême à la métropole, et si je le tiens, tout sera rétabli. M. Fayet vint à Rouen; à quelque temps de là, il était nommé grand vicaire par le prince de Croy.

Collègue de son ancien protecteur, l'abbé Fayet ne ressemblait en rien au P. Coudrin; l'esprit comme le tempérament, l'humeur aussi bien que les principes étaient tout différents. Le bon Père comprit qu'entre eux l'entente serait bien difficile sinon impossible, et pour éviter des froissements pénibles, il prit le parti de se retirer. Ses amis s'émurent. Un bon chanoine de Troyes, M. Saget, soupçonna des peines; il voulut les partager. Le bon Père esquiva les questions amicales. J'ai voulu, dit-il, mettre une distance entre la vie et la mort. Voilà la cause de ma retraite à Picpus. Mais à un enfant dévoué, au P. Régis, il laisse échapper le secret de son cœur : Il a tant fait, dit-il, que j'ai été obligé de donner ma démission. Voilà, mon pauvre Régis, le fruit de votre zèle et du mien.

Le prince de Croy n'accepta pas tout d'abord la démission. Il finit par se rendre, ne connaissant pas sans doute le dessous des choses; mais il garda aux enfants du fondateur son dévouement et sa confiance.

Si le bon Père regrettait la cause de son départ, il était heureux de rentrer à la Maison-Mère pour se consacrer désormais uniquement aux intérêts de l'Institut.

C'est par une cérémonie sacrée qu'il voulut marquer son retour à Picpus. Le 10 novembre 1833, fête de la Dédicace, il officia dans la chapelle des Sœurs. Après les vêpres, immédiatement avant la bénédiction du Saint Sacrement, laissant échapper de son cœur les sentiments dont il était rempli, il fait à Notre-Seigneur présent, comme s'il l'avait vu, une amende honorable, qui dura environ un quart d'heure. Résumant tout ce qui s'était passé à Picpus et dans la Congrégation depuis plusieurs années, il demanda pardon pour les profanations sacrilèges commises en 1830, pour l'expulsion des religieux, pour l'interruption forcée de l'adoration perpétuelle. Puis, envisageant l'avenir, il parla au nom des missionnaires qui allaient bientôt s'embarquer, et demanda pour eux la paix, l'union, en un mot, tout ce qui pouvait assurer le fruit de leur ministère.

Tel fut l'accent avec lequel il prononça cette prière improvisée que les assistants émus se demandaient si ce n'était pas un ange qu'ils venaient d'entendre. Leur respect filial s'en accrut d'autant. La famille était heureuse d'avoir recouvré son Père, et celui-ci trouvait bonheur à vivre au milieu de ses enfants. Cette joie allait bientôt se changer en deuil.

Depuis longtemps déjà la santé de la Mère Henriette déclinait. Le 4 octobre 1829, une attaque avait failli l'enlever. Elle demeura paralytique. Autant que le permirent ses forces, elle continua de diriger ses filles par de sages conseils et de maternels encouragements. Un jour même, dominant par un effort d'énergie le mal qui l'accablait, elle tint à présider une profession suivie du renouvellement des vœux d'environ cent vingt religieuses.

A cette occasion, le bon Père laissa tomber de son cœur des accents émus, où la résignation dominait la tristesse. « Remercions bien le bon Dieu, mes chères enfants, de la grâce qu'il vient de vous faire de renouveler vos vœux entre les mains de cette pauvre Mère. Priez pour sa conservation; priez que nos offenses ne hâtent pas sa mort... Reprenons cette première ferveur du commencement. Tous les jours, la mort nous ravit nos amis et ce que nous avons de plus cher. Vos sœurs sont enlevées comme l'herbe qui fleurit le matin, et qui le soir tombe et se fane. Eh bien ! que le ciel se remplisse donc, puisque Dieu le veut, mais qu'il se peuple de saints et de saintes. Et vous, mes enfants, qui pour augmenter le nombre des épouses de Jésus-Christ, avez déposé vos vœux entre les mains de cette pauvre mourante, elle les a reçus, ces vœux, elle les gardera encore quelques jours, quelques semaines,

Le R. P. LAVAL,
APÔTRE DES ÎLES GAMBIER.

et elle ira les porter au ciel, avec votre obéissance et votre fidélité. Ainsi soit-il. »

Quelque temps après, le 23 novembre 1834, vers cinq heures
du soir, sans convulsion, sans agonie pénible, la Mère Henriette,
assistée du bon Père et du P. Hilarion, rendait son âme à Dieu.

Le coup bien que prévu fut douloureux à toute la communauté;
plus que personne, le bon Père se trouvait atteint; mais il fallait
consoler et soutenir des cœurs plus faibles. Il eut des accents pour
relever tous les courages. C'était le moment, disait-il, de se renouveler devant les restes d'une sainte dont les austérités avaient
égalé celles des solitaires de la Thébaïde; c'était l'occasion de
resserrer plus étroitement les liens de la charité, de l'union et de
la paix..... Consolez-vous au pied de la croix, et montrez, par
votre régularité, votre obéissance et la pratique de toutes les vertus religieuses que vous conservez avec soin le souvenir de cette
bonne Mère.

Encourageant les autres, il gardait la douleur pour lui.

Pendant quarante ans, la Mère Henriette, malgré la vivacité de
son caractère, avait été pour le bon Père une fille obéissante et
droite plus encore qu'une collaboratrice vaillante, qu'une amie
fidèle et dévouée. Au milieu des affaires les plus compliquées,
lorsque les intérêts des deux branches auraient pu sembler divers,
jamais le plus léger nuage ne s'était élevé entre eux. A toutes les
dates de leur correspondance, nous trouvons les témoignages
toujours les mêmes d'une mutuelle estime, d'une confiance sans
bornes, d'une tendre affection.

De tels liens se brisant, quand la santé du fondateur était déjà
chancelante, lui présageaient que sa carrière allait aussi finir.

On remarque qu'à partir de cette mort l'âme du bon Père fut
comme enveloppée d'un voile de tristesse; s'il parlait de la Mère
Henriette, ses yeux se remplissaient de larmes. Un jour qu'un de
ses premiers enfants, plus libre que les autres, se plaignait filiale-
ment à lui de cette tristesse qu'on remarquait sur son visage, le
vieillard avoua qu'en effet la mort de la Mère Henriette en était
surtout la cause. Et expliquant sa pensée il ajouta : Tout le monde
n'était pas obligé de savoir combien cette bonne Mère était pré-
cieuse aux yeux de Dieu; et, après un moment de silence : Sa
chambre, dit-il, doit être regardée comme un sanctuaire. D'ailleurs, mon enfant, je vieillis et je pense davantage à la mort.

Mme Françoise de Viart succéda à la Mère Henriette dans le gouvernement de la congrégation des sœurs.

Mme Françoise de Viart, comme on l'appelait dans la Congrégation, était de la famille à qui appartenait, au temps de la Révolution, le château de la Motte d'Usseau. Par les Maumain, ses fermiers, parents du P. Coudrin, elle connut le fondateur et la fondatrice. Elle s'attacha à eux, fut une des premières filles des Sacrés-Cœurs et des plus dévouées. Avec sa personne, elle donna de sa fortune et contribua généreusement aux premières fondations. Nous n'avons pas de lettres d'elle, mais, par celles du P. Coudrin, qui ont été conservées, nous pouvons juger de la place qu'elle tenait dans l'Institut; elle fut longtemps supérieure de la maison de Cahors.

Si le fondateur n'a pas avec cette autre *fille aînée* le même abandon qu'avec la Mère Henriette, il ne laissa pas de lui témoigner une constante affection, un intérêt, un dévouement paternels. Tour à tour, il la console quand elle a perdu quelqu'un des siens, il la soutient dans ses peines, il vient à son secours dans sa détresse; en un mot, il est Père. Il n'est pas ami au même degré; on sent plus de réserve, plus de précaution; plusieurs fois, et pour de bonnes raisons, il est d'un avis différent, et la Mère Henriette pense comme lui. Divers passages de ses lettres révèlent ces aspects divers.

Après la mort de la Mère Henriette, quand il fallut pourvoir à la remplacer, quelques religieuses, par déférence, par dévouement au bon Père, songeaient à faire nommer l'une de ses nièces; il s'y opposa, et les voix se portèrent sur Mme Françoise de Viart.

CHAPITRE VII

DERNIERS JOURS DU BON PÈRE. — FONDATION DE COUSSAY. — MALADIE
ET MORT DU BON PÈRE. — ÉTAT DE LA CONGRÉGATION. — CARACTÈRE
ET VERTUS DU FONDATEUR.

Établi à Picpus pour n'en plus sortir, le bon Père a repris avec
amour le gouvernement de son Institut. Si ses lettres sont plus
courtes, parce que sa main tremblante en trace plus péniblement
les lignes, en quelques mots cependant, il épanche tout son cœur.
Les missionnaires des pays lointains surtout sont l'objet de sa tendresse. Il les encourage, il les félicite, il les remercie, il les donne
en exemple à ses enfants demeurés près de lui.

Vers 1835, ayant reçu des lettres des missions, il les commu-
nique aux différentes maisons : Mes très chers amis, écrit-il, si
vous lisez ces lettres avec le même intérêt que nous à la maison
principale, vous vous trouverez bien heureux d'avoir des frères
qui travaillent ainsi pour la gloire de Dieu. Armons-nous de zèle,
redoublons de sacrifices pour être ici d'autres Moyse ou de fer-
vents Josué pour les imiter et les suivre jusqu'aux extrémités du
monde, si le devoir nous y appelle. *Hæc vota nostra.*

Aux missionnaires eux-mêmes il adresse pour chacun un mot
aimable : Honneur, écrit-il, respect, salut et bonne paix à Monseigneur (de Nilopolis) et à nos tendres amis, qui sont toujours
dans l'esprit et le cœur de leur pauvre père (19 juin 1835).

Comme pour finir sa vie où il l'avait commencée, le bon Père
dota le pays qui l'avait vu naître, Coussay-les-Bois, d'une maison
des Sacrés-Cœurs, et, dans une tournée de visites qu'il fit aux
maisons du Poitou, avec le concours de deux de ses enfants, il
donna à la bourgade une mission qui ramena aux pratiques chrétiennes bon nombre d'âmes égarées.

Pendant ce voyage, on lui attribua une guérison extraordinaire.
Déjà, l'année précédente, au Mans, pareille chose était arrivée.
Sur une bénédiction du Père, une religieuse qui l'avait sollicitée
avec instance, recouvra la parole. On entendra et on expliquera
ce fait comme on voudra, écrivait quelques jours après le P. Anto-
nin, toujours est-il qu'au vu et au su de toute la maison et du
médecin, elle ne pouvait parler que tout bas, et maintenant elle
parle à haute et intelligible voix.

Le bon Père semblait pressentir sa fin prochaine. En voyant à Coussay la maison s'établir, il songeait à s'y retirer pour y achever ses jours dans la solitude; et comme on avait obtenu d'avoir un cimetière dans l'enclos, il prenait plaisir à penser que peut-être on lui préparait sa dernière demeure.

Les visites qu'il venait de faire étaient comme les derniers rayons d'un soleil qui descend dans la nuit. Le mieux qui lui avait permis d'entreprendre ce voyage, ne dura pas; les infirmités reprirent leur cours, le vieillard perdait sensiblement ses forces. Dans les premiers mois de 1837, la grippe, qui nous est revenue sous le nom d'influenza, sévissait à Paris. Le vénéré Père en fut atteint. Comme cette maladie semble peu de chose, il crut pouvoir la négliger. Le troisième dimanche, malgré sa fatigue, il voulut au moins adresser une pieuse exhortation à ses enfants : cela leur fera du bien, disait-il. Il parla de la nécessité de travailler au salut et d'y travailler promptement. L'énergie qu'il mit à développer certaines pensées surprit l'auditoire. Il faut travailler à son salut sans tarder, disait-il; nous ne serons pas tous ici à Pâques certainement, et moi-même peut-être le premier.

Quelques jours après, une fluxion de poitrine se déclarait. La chose était grave. Le malade ne se fit pas illusion. Je n'en ai pas pour quinze jours, disait-il, et avec son humilité habituelle, il se disposait à la mort. Il désira que les Sœurs fussent admises à la cérémonie du viatique, après quoi les Frères viendraient pour celle de l'extrême-onction. Je sens le besoin de parler aux uns et aux autres, afin qu'après ma mort vous demeuriez tous unis. S'il n'y a pas d'union, la volonté de Dieu ne sera pas sur vous; vous ne serez pas des saints.

Et au travers de son délire, dans ses phrases entrecoupées, on pouvait deviner ses pensées secrètes : Je les vois ces pauvres enfants, disait-il, Gambier, Valparaiso! Le jour de Pâques s'écoula péniblement au milieu de cette sorte d'agonie. Le lendemain lundi, vers les cinq heures du matin, on n'attendait plus que le dernier soupir. Les prêtres de la maison et quelques Frères entouraient la couche funèbre. Vers sept heures on crut qu'il allait rendre le dernier soupir; un prêtre approcha le crucifix des lèvres du mourant; il fit un effort pour le baiser. A ce signe, jugeant qu'il avait encore sa connaissance, le P. Jean de la Croix lui dit en pleurant : Père, ne nous oubliez pas, priez pour vos pauvres

Chambre du Bon Père a Picpus.

enfants. Un moment après, le moribond rendait son âme à Dieu. Il était sept heures un quart, du lundi de Pâques, 27 mars 1837. Il avait vécu 68 ans et quelques mois.

En partant pour le ciel, le P. Coudrin laissait en héritage à la terre vingt-et-un couvents de religieuses des Sacrés-Cœurs, où l'adoration du T.-S. Sacrement se faisait sans interruption le jour et la nuit. Dans quelques maisons plus nombreuses, comme celles de Paris, de Mende, de Rennes, du Mans, l'adoration était double. C'était de vingt à trente religieuses qui, à genoux devant le tabernacle, le manteau écarlate sur les épaules, tenaient sans cesse levées au ciel leurs mains suppliantes pour réparer les crimes des pécheurs. Un millier de religieuses étaient enrôlées sous sa bannière.

Du côté des hommes, le nombre était moindre; les persécutions, qui avaient épargné les pensionnats des religieuses, avaient fermé les collèges. Néanmoins le serviteur fidèle pouvait encore présenter à son maître une gerbe touffue. Un de ses fils, Mgr Bonamie, était archevêque de Smyrne, un autre, Mgr Rouchouze, avec le titre d'évêque titulaire de Nilopolis secondé de zélés confrères, évangélisait l'archipel de Gambier. Un troisième, préfet apostolique, en attendant qu'il reçût l'honneur de l'Épiscopat, travaillait de la même manière dans les îles Sandwich. Un poste était établi à Valparaiso, dans le Chili.

Ses autres enfants, à Rouen et à Tours, formaient dans les séminaires la jeunesse cléricale; à Picpus, ils préparaient des prêtres à l'Irlande. Dans les collèges, transformés en écoles primaires, à Mende, Poitiers, Cahors, Laval, Sarlat, ils attendaient le retour de la liberté. Partout où étaient les Sœurs, quelques Pères et Frères réunis en communauté, dirigeaient les religieuses et vaquaient aux travaux du saint ministère ou de l'enseignement.

CONCLUSION

Ce n'est pas d'un jet que les sociétés religieuses sont formées et achevées. L'idée-mère, déposée au cœur de celui que Dieu appelle à fonder, germe, se développe et mûrit lentement. Souvent même, comme ces arbres vigoureux que le cultivateur planta, mais dont il ne vit pas le plein accroissement, ce n'est qu'après la mort du fondateur qu'un ordre religieux prend sa forme définitive.

Quand le bon Père mourait, en 1837, laissait-il à son Institut des règles et règlements, prévoyant, ordonnant si bien tous les mouvements de ses fils qu'il n'y eût plus de place pour des règlements nouveaux ? Assurément il ne l'avait pas prétendu. Les grandes lignes étaient tracées, les principales œuvres commencées, un caractère leur était imprimé. L'expérience devait révéler, et les chapitres généraux décréter les règlements définitifs. Quelles étaient ces grandes lignes, quel était ce caractère !

Dans la pensée du bon Père, les membres de la Congrégation sont les enfants des Sacrés-Cœurs. Ils doivent vivre et mourir au service des Sacrés-Cœurs, et de cette dévotion tirer la raison, le principe de toutes les vertus.

Toute dévotion devant prendre corps dans une pratique extérieure où les sens aient leur exercice, l'adoration perpétuelle de jour et de nuit, faite à genoux et en manteau rouge, sera la pratique fondamentale de l'Institut. L'adoration perpétuelle ou simplement l'adoration devient le nom secondaire de l'Institut; c'est sous le nom de l'adoration qu'on le connait à Mende, à Rennes, à Saint-Servan, à Séez, à Nantes, ailleurs encore. Fonder une maison, et commencer l'adoration était pour lui une même chose.

Le cérémonial de la profession est plein de cet enseignement. L'Eglise ne demande pas pour les nouveaux profès qu'ils soient des apôtres zélés, des prédicateurs éloquents, des maîtres habiles, mais seulement des adorateurs perpétuels du Sacré-Cœur de Jésus par le Très Saint Cœur de Marie. Tout est là; le religieux ainsi déterminé sera propre à tous les ministères. Qu'il aille partout où l'obéissance l'enverra, plein de l'amour de Jésus et de Marie, tout sera bien fait; les vœux du Père Marie-Joseph seront comblés.

Cependant entre les œuvres y en aura-t-il une préférée? De la vie du bon Père, il nous semble ressortir qu'il avait pour le sacerdoce et pour les œuvres du sacerdoce, l'apostolat, une inclination marquée. Trois fois il a été fait vicaire général, et à ce titre il a gouverné trois diocèses, c'est-à-dire le sacerdoce; partout où il a passé il s'est employé à la direction des séminaires, c'est-à-dire à la formation des prêtres. Il commence à développer les séminaires de Mende, de Cahors, de Séez, de Troyes, de Tours, de Rouen. A Paris, sa maison est le séminaire des Irlandais; il met ses enfants au service des curés par les missions de Troyes et de Rouen; plus d'une fois il les charge de gouverner des paroisses.

Les maisons d'éducation qu'il ouvre sont moins des collèges pour les jeunes gens du monde, que des séminaires ou des écoles apostoliques destinées à recruter le clergé pastoral ou religieux. Les œuvres auxquelles il s'emploie lui-même et où son cœur est plus affectionné sont les œuvres sacerdotales, l'apostolat dans les missions lointaines.

Après les œuvres, les vertus : Naturellement, celles qu'il préfère sont les vertus qui jaillissent plus spontanément du Sacré-Cœur de Jésus, la douceur et l'humilité. Douceur, humilité, avec tout ce qui les accompagne, c'est bien ce qui caractérise le bon Père. Il aime, on l'aime parce qu'il est bon et doux. Il ne tient à rien, il se renonce, il se sacrifie, il se prive de tout, parce qu'il est humble et qu'il ne se recherche pas lui-même. Il est patient, résigné, parce qu'il trouve naturel qu'on le maltraite ou qu'on le néglige. Mais par dessus tout, disciple du Cœur de Jésus, il aime. Il veut qu'on aime Dieu et son Fils Jésus, qu'on souffre pour lui et qu'on ait à souffrir beaucoup de joie et de ferveur.

Il a aimé : *Dilexit*, c'est bien par ce mot qu'on peut résumer et clore la vie du bon Père, mieux encore que ne le faisait saint Ambroise pour le grand Théodose.

D'après ce grand docteur, les âmes en voyant passer le grand empereur lui disaient : Pourquoi montez-vous si haut. Et Théodose répondait : Parce que j'ai aimé, *Dilexi*. — Quelles grandes choses avez-vous faites sur la terre, lui demandaient anges et archanges? — J'ai aimé, *Dilexi*.

J'ai aimé, dit aussi le bon Père, *Dilexi*. J'ai aimé Dieu d'abord, et parce que je l'ai aimé, j'ai exposé ma vie chaque jour, pendant les horreurs de la révolution; j'ai rêvé de rétablir ses autels, de relever les ruines de ses temples.

J'ai aimé le Cœur de Jésus : les opprobres dont il était abreuvé, les douleurs dont il était déchiré, ont abreuvé, déchiré mon cœur. Pour le consoler, j'ai établi autour de son autel des adorateurs et des adoratrices qui, la nuit et le jour, sans jamais s'interrompre, à force de l'aimer, consolent ses douleurs.

J'ai aimé Marie, au Cœur immaculé; et, pour l'honorer, je l'ai associée au culte perpétuel que mes enfants rendront à son divin Fils.

J'ai aimé les saints, surtout ceux qui touchaient de plus près par le cœur à Jésus et à Marie; j'ai aimé la sainte Eglise, qui est la terre, la patrie des saints, et j'ai rendu aux saints de la terre et du ciel le culte, l'honneur, la soumission qui leur sont dus.

J'ai aimé les âmes; et, après avoir réparé leurs fautes par l'exercice de l'adoration, je leur ai envoyé des apôtres, des sauveurs.

J'ai aimé les enfants spirituels que Dieu m'a donnés; je les ai élevés avec dévouement; je les ai enveloppés de ma paternelle tendresse; pour les conserver tous à Dieu; je les ai conduits avec douceur.

J'ai aimé, *Dilexi*; recevez maintenant, ô Dieu, votre humble serviteur; puisqu'il a aimé, il a rempli la loi. *Qui diligit, legem implevit.*

MAXIMES

DU

TRÈS RÉVÉREND PÈRE COUDRIN

V. C. J. S.

1. Il est plus conforme à la volonté de Dieu de *céder quelque chose pour le bien de tous que de* VOULOIR LE MIEUX quand il y a des obstacles qui ne sont pas mauvais par eux-mêmes.

2. Pour être de véritables Enfants des Sacrés-Cœurs, il nous faut toutes espèces de sacrifices intérieurs.

3. Comme les amertumes de la vie font trouver doux le bon Dieu!...

4. Acceptons toutes les croix qui nous viennent de Jésus!... *La Croix convient à la victime;* elle est son autel, le lit de son repos, son instrument de sainteté, sa force, sa vie; elle est l'aliment de son amour, *le bois d'où jaillit de plus en plus ardente la flamme qui la dévore!!!*

5. Ne nous arrêtons pas à ces misères fugitives qui sont dans notre condition de créature humaine et fragile; élevons nos cœurs et jetons nos impressions dans la toute puissance de Dieu.

6. Les Enfants des Sacrés-Cœurs voués à la réparation doivent s'efforcer de faire *contre-poids* dans la balance divine aux iniquités des hommes.

7. *Goûtez, goûtez* Dieu dans le voyage de la vie; lui seul est bon, sa volonté est la seule bonne. Hors son Cœur tout n'est qu'amertume.

8. Dans le silence et le recueillement, désarmez la vengeance divine.

9. Les personnes et les choses sont si peu devant Dieu, que rien, en dehors de Lui, ne doit nous occuper sérieusement : Là est le secret des saints et le triomphe de la sainteté.

10. Fondons nos âmes sur la pierre du Cœur de Dieu, tellement que nous soyons établis là comme sur une colonne immuable.

11. Vivons de cette grande vie de foi qui remonte à l'invisible de Dieu *partout* et en *toutes* choses.

12. Faisons à Jésus la place de plus en plus large dans nos cœurs par l'oubli de nous-mêmes, et soyons certains que ce *Divin Hôte* saura garder celui qui ne veut vivre que de lui et pour lui.

13. Quel honneur que celui que nous apporte Jésus, en voulant que nous lui soyons unis comme le petit rameau au cep de la vigne, et que, par cette union, notre vie soit une participation à sa vie divine.

14. Continuons à être les petits ouvriers du bon Dieu, *les faibles instruments* de Jésus, suivant toute l'impulsion qu'il nous donne pour accomplir sa volonté.

15. Dans les sécheresses, Jésus ne se montre pas sensiblement, mais il n'est pas loin; il nous soutient et réserve ses joies pour un autre moment qui viendra, soyons-en certains.

16. *La dévotion à la Croix* est le cachet des Enfants des Sacrés-Cœurs qui doivent aimer l'amer comme le doux et *préférer même* la désolation aux consolations.

17. Si le bois sacré qui toucha les membres de Notre Seigneur a eu le pouvoir de ressusciter les morts; quel sera le pouvoir miraculeux des souffrances et des humiliations? *Vraies croix* qui ont séjourné dans le Cœur de Notre Seigneur depuis son incarnation jusqu'à sa mort...

18. Les souffrances et les humiliations sont des perles précieuses enchassées dans le divin Cœur de Jésus. — Serions-nous assez insensés pour les rejeter, quand *la main de notre tendre Epoux les prend dans son Cœur pour en embellir le nôtre?*...

19. Soyons humbles et nous serons saints; soyons très humbles et nous serons très saints.

20. Si pour plaire à Dieu *il faut déplaire* aux créatures, soyons heureux de *devenir insupportables* à tout le monde.

21. *Jésus a soif* de trouver des âmes vraiment victimes avec Lui; entrons donc dans cette voie d'immolation spirituelle et nous verrons descendre sur nous et nos œuvres les plus abondantes bénédictions du ciel. Courage donc, et soutenons-nous par la pensée que nous aidons Notre Seigneur à sauver les âmes!...

22. Notre Seigneur *ne rencontre pas* dans les communautés religieuses des âmes comme il les voudrait; *il demande, il supplie*

que les âmes religieuses soient animées de *cet esprit d'immolation,
de sacrifice, de détachement.*

23. Dans ces souffrances de l'âme qui font de notre vie un continuel martyre, laissons la main de Jésus porter le glaive où il lui
plaira. Ne reculons jamais devant la souffrance, ne disons jamais :
c'est assez; propriété de Dieu, soyons dans sa main comme de
l'argile pour recevoir la forme qu'il voudra nous donner.

24. Le pain des âmes aimées de Jésus, c'est le pain de la souffrance; de temps en temps ses visites sont consolantes, mais elles
nous préparent toujours à des croix nouvelles.

25. Jésus veut faire un *chef-d'œuvre* de nos âmes et veut leur
imprimer sa ressemblance, comment y réussira-t-il sans la
souffrance?

26. Plus nous nous effaçons, plus le bon Dieu s'approche de
nous.

27. Soyons heureux d'être immolés, à côté de notre Époux
céleste et sur la même croix; si la nature répugne, la grâce triomphe de tout.

28. Qu'à ce mot : *La Gloire de Dieu l'exige,* pas un seul cœur
ne balance ou recule.

29. Si Dieu choisit ordinairement les âmes les plus pures et les
plus humbles pour être les canaux de ses grâces, *les âmes les plus
indignes et misérables sont souvent le terme désiré de son miséri-
cordieux amour.*

30. Si pour procurer la gloire des Sacrés-Cœurs il *faut souffrir,*
remercions-en le bon Dieu; c'est le moyen de se vider soi-même
pour se remplir de Dieu.

31. Nous ne pouvons pas imaginer les bénédictions que le bon
Dieu répandrait sur nos œuvres et sur nous-mêmes, si nous étions
intérieurs, humbles et obéissants.

32. *Sitio,* j'ai soif de votre sanctification : c'est là l'eau que je
vous demande et qui seule peut me désaltérer.

33. Oh! s'il y avait ici une seule âme qui ne fût pas ce que
demande d'elle son bon Sauveur; oh! qu'elle comprenne bien
cette parole : *J'ai soif!...*

EXPLICATION DES GRAVURES

Le T. R. Père Coudrin, appelé le « Bon Père. » « Quelle bonne figure de prêtre! Vraiment je ne me lasse pas de la regarder, » disait un supérieur de séminaire en voyant pour la première fois le portrait qui orne le frontispice de cette biographie. Un des disciples du Bon Père peint ainsi cette physionomie : Ses yeux, habituellement souriants, s'attendrissaient en chaire jusqu'aux larmes. Dans la fraîcheur du teint, indice de la pureté du sang, dans les traits épanouis de son visage, quel charme de simplicité, d'innocence et de franchise! Cette large poitrine annonce une voix forte et pénétrante, faite pour porter les clartés et la persuasion de la vérité au plus profond des âmes.

Mais ce qui domine par-dessus tout, ce qui captive l'attention dans cette belle figure sacerdotale, c'est un rayon d'ineffable bonté qui semble émané même du Cœur de Jésus.

Le Père Coudrin porte l'habit blanc que l'on conserve religieusement dans sa cellule, transformée en oratoire. La nuit de Noël 1800 le Père Coudrin avait prononcé ses vœux, revêtu du manteau blanc; puis il avait béni et imposé le même habit aux premiers profès de la Congrégation. Par suite des malheurs du temps les Pères furent obligés de quitter l'habit blanc trois ans plus tard.

Voici la pieuse inscription gravée sur la tombe du Bon Père au cimetière de Picpus :

Ici repose

EN ATTENDANT LA RÉSURRECTION

LA DÉPOUILLE MORTELLE DU

T. R. PÈRE PIERRE-MARIE-JOSEPH COUDRIN,

ancien Vicaire Général de Mende,

de Séez, de Tours, de Troyes et de Rouen

Protonotaire apostolique, Prélat romain

Fondateur et Supérieur général

de la Congrégation des Sacrés-Cœurs de Jésus et de Marie,

décédé en la maison de Picpus

le 27 mars 1837,

Rempli de zèle pour la gloire de Dieu

et le salut des âmes.

Il fut le modèle

de tous les membres de la Congrégation

par l'austérité de sa vie,

leur appui par la sagesse de ses conseils,

leur ami par sa touchante bonté,

IL LES DIRIGEA CONSTAMMENT DANS LES VOIES DU SALUT.

Page 29

Maison natale du Père Coudrin a Coussay-les-Bois.

Elle fait l'angle de la place et de la rue dans laquelle se trouve le couvent de l'Adoration. Les murs portent les stigmates de la vétusté. Un escalier de pierre, aux marches profondément creusées, conduit à l'étage supérieur. C'est dans la chambre dont la porte ouvre sur le palier visible sur la photogravure, que le Père Coudrin est né le 1er mars 1768. Les deux Pères qu'on voit sur l'escalier sont les Pères Léon et Calixte.

Coussay-les-Bois est une petite bourgade de 1,200 âmes, située à quelques lieues de Châtellerault. Assis dans un vallon, au pied d'une chaine de coteaux, irrégulièrement posés, il a pour habitants de modestes agriculteurs à qui les produits du sol assurent une simple, mais honnête et paisible existence.

En 1835, le Père Coudrin acheta les ruines de l'église Saint-Martin, l'une des églises paroissiales avant la Révolution, et y établit un couvent de religieuses des Sacrés-Cœurs et de l'Adoration perpétuelle. Le chœur de l'église réparé sert de chapelle à la communauté.

Page 33

Chateau et grenier de la Motte-d'Usseau.

Le château de la Motte est situé à huit kilomètres de Châtellerault, sur un monticule au pied duquel se groupe le village d'Usseau. Au centre de la gravure on aperçoit une maison fort simple, d'un extérieur assez bien conservé. C'est le célèbre grenier qui servit de refuge au Père Coudrin pendant cinq mois. La maison n'avait point d'étage au moment de la Révolution. Au rez-de-chaussée demeurait le fermier, M. Maumain, parent du Père Coudrin. Le grenier, situé directement au-dessus du rez-de-chaussée, était un réduit bas, obscur, mal aéré, qui ne laissait pas arriver jusqu'au prisonnier la lumière du jour et ne lui permettait de prendre aucun exercice. Par une trappe, le grenier communiquait avec la chambre du fermier. Chaque nuit le pieux prisonnier y célébrait le saint sacrifice auquel assistait M. Maumain et sa vertueuse épouse.

Ici, dans cette étroite cellule, Dieu révéla au Père Coudrin sa future mission de fondateur d'ordre. « Une nuit, après avoir célébré le saint sacrifice, il priait. Au milieu de son action de grâces il se trouva transporté en esprit dans une vaste campagne. Autour de lui se rassemblaient de nombreux ouvriers évangéliques, destinés à répandre partout la lumière de la foi. Ils lui apparaissaient vêtus de blanc. A leur suite marchait un cortège de vierges, ayant un vêtement de même couleur, dont le but principal serait de prier pour ces apôtres. Il vit même la maison qui devait être le berceau de cette nouvelle famille religieuse. »

La retraite du Père Coudrin à la Motte-d'Usseau dura du mois de mai 1792 au 20 octobre de la même année. Voici à quelle occasion il en sortit.

En lisant le Martyrologe le 20 octobre, il fut frappé de rencontrer dans l'éloge de saint Caprais, martyr, des circonstances identiques à celles au milieu desquelles il se trouvait. « Caprais fuyant la persécution, se cacha dans les solitudes et cavernes des rochers. Or, un jour, il est témoin d'un magnifique spectacle. Du haut de la montagne qui domine Agen, il voit qu'une vierge, nommée Foi, y supporte un glorieux martyre ; l'âme de la vierge s'envole sous la forme d'une colombe ; un ange, tenant en main une couronne, l'emporte vers le ciel. A cette vue, Caprais brûle d'être martyr à son tour ; il retourne à Agen, y prêche la foi et est condamné à mort. »

« Et moi aussi, se dit le reclus de la Motte, je sortirai de ma solitude, je prêcherai l'évangile, quoi qu'il puisse m'advenir. » Le jour même de la fête de saint Caprais, il quitta son grenier, laissant dans les pleurs la pieuse famille sur laquelle il avait attiré les bénédictions du ciel.

Le château de la Motte garde bien son aspect féodal. A considérer son architecture, il doit dater de la fin du xv⁰ siècle. Il est flanqué de deux grosses tours rondes qui lui donnent une apparence de majesté. D'intelligentes réparations semblent l'avoir rajeuni. A l'intérieur, on voit des salles spacieuses, de hautes galeries d'où l'œil embrasse un panorama varié et découvre dans les brumes de l'horizon, la fine pointe des clochers de Châtellerault. Au rez-de-chaussée une chapelle demeure inachevée.

Dans le milieu du xviiie siècle, la famille de Viart en devint propriétaire. Il y a une trentaine d'années, le T. R. Père Euthyme Rouchouze, supérieur général, en fit l'acquisition au nom de la Congrégation des Sacrés-Cœurs.

Page 37

Grange de Montbernage.

Montbernage est un faubourg de Poitiers situé au nord-est de la ville, sur un coteau que borde le Clain. Là vit une population honnête et croyante de jardiniers, de cultivateurs et de petits commerçants. En 1791, la Révolution leur avait enlevé leur curé légitime et l'avait remplacé par un intrus; leur église Sainte-Radegonde était profanée.

Le Père Coudrin arriva au milieu de ces chrétiens zélés, à l'automne de 1793. Par sa bonté affectueuse, cordiale, comme par l'intrépidité de son zèle, il devint le curé, le père, l'ami du faubourg.

Une grange appartenant aux époux Pasquier, lui servit d'église. C'est là qu'il réunissait ces braves gens pendant la nuit, pour célébrer le saint Sacrifice. Les réunions avaient lieu chaque semaine, quelquefois plus souvent. Quand le Père Coudrin était empêché, il était remplacé par M. l'abbé Soyer, devenu plus tard évêque de Luçon.

Rien de plus ingénieux que les mesures de précaution prises pour ne pas attirer l'attention des « patriotes. » De pieuses chrétiennes appelées *Réveille-matin*, ont la mission de frapper discrètement aux portes, vers onze heures, pour convoquer les fidèles. Armés de solides bâtons, les plus lestes des jeunes *gars* s'échelonnent jusqu'au pont Joubert qui unit le faubourg à la ville, afin de donner l'alarme en cas de visites domiciliaires. Le moment venu, la cérémonie commence. A haute voix on récite le chapelet, on chante des cantiques; enfin le Père Coudrin qui, depuis huit heures du soir, entend les confessions, monte à l'autel et dit la messe. Il est minuit. Après avoir distribué le pain des anges, l'apôtre prend la parole pour affermir dans la foi cette religieuse population. Puis, au signal donné de la retraite, l'assemblée se disperse, silencieuse. Chacun rentre chez soi, content et fortifié.

Les vedettes du pont Joubert se replient. Vers deux ou trois heures du matin l'homme de Dieu repart et regagne Vaumauray, son lieu d'asile, toujours en costume de mendiant, remportant sur ses épaules ses ornements sacerdotaux et son calice.

La grange historique est bien celle que montre notre gravure ; elle est située au sommet du coteau. Presque tous les vieillards, survivants de cette époque, déclarent y avoir fait leur première communion. L'homme qu'on aperçoit sur le seuil de la porte est un arrière-petit-fils du propriétaire de la grange au moment de la Révolution.

Page 67

LA TRÈS RÉVÉRENDE MÈRE HENRIETTE AYMER DE LA CHEVALERIE, FON-DATRICE ET PREMIÈRE SUPÉRIEURE GÉNÉRALE DES RELIGIEUSES DES SACRÉS-COEURS ET DE L'ADORATION PERPÉTUELLE, APPELÉE *Bonne Mère*.

Elle naquit au château de la Chevalerie en Poitou, le 11 août 1767. A l'âge de onze ans, elle obtint le titre alors envié de cha-noinesse de Saint Jean de Jérusalem. En 1794, elle fut jetée en prison avec sa mère pour avoir caché un prêtre. Le temps de la captivité fut salutaire à l'âme de Madame Henriette. Elle fit une confession générale et prit le Père Coudrin pour directeur de sa conscience. Ensemble ils jetèrent les bases de l'Institut des Sacrés-Cœurs. (Voy. p. 36 et suiv.) Elle mourut à la maison mère de Picpus le 23 novembre 1834, laissant dix-huit maisons florissantes de sa congrégation. La Bonne Mère est inhumée au cimetière de Picpus à côté du Bon Père Coudrin et de M>r de Chabot, ancien évêque de Mende, son parent. Sur sa tombe on grava cette pieuse inscription.

Ici reposent
en attendant la résurrection
les dépouilles mortelles de la
T. R. MÈRE HENRIETTE AYMER DE LA CHEVALERIE,
née a Saint-Georges, en Poitou, le 11 août 1767.
Fondatrice
avec le T. R. Père Marie-Joseph-Pierre COUDRIN
des Sœurs de la Congrégation
des Sacrés-Cœurs de Jésus et de Marie
et de l'Adoration perpétuelle du T. S. Sacrement de l'autel.
Élue première SUPÉRIEURE des Sœurs
en juin ou juillet 1797,
confirmée de nouveau en 1798,
décédée dans la maison principale de Picpus
le 25 novembre 1834,
a cinq heures et demie du soir,
Après avoir fondé dix-huit établissements.
Elle fut le modèle de ses sœurs
par l'austérité de sa vie,
leur appui par la sagesse de ses conseils,
leur amie par sa touchante bonté.
Favorisée des lumières célestes, elle les dirigea constamment
dans les voies du salut.
366 de ses filles l'ont précédée dans une meilleure vie,
celles qui lui survivent
pleurent et pleureront toujours
leur Bonne Mère.

Voici quelques maximes, tirées des écrits de la fondatrice; elles sont comme le testament spirituel que la Bonne Mère a laissé à ses filles.

V. C. J. S.

1. Le cachet distinctif des enfants des Sacrés-Cœurs doit être : *l'humilité* et la *simplicité*.

2. Dans vos peines, dans vos désolations, dans vos infidélités, ayez recours à Marie et vous aurez toujours part aux affections de son cœur.

3. Nous ne pourrons jamais comprendre combien est grande la *jalousie de Dieu* sur les âmes qu'il a choisies.

4. L'état religieux est un état où tout est mort pour la nature; abnégation de soi-même, désir des souffrances, ou plutôt, besoin de souffrances.

5. L'humilité produit nécessairement *l'amour des croix* et le désir de la pénitence.

6. Notre Seigneur nous veut à ses pieds pour souffrir et adorer.

7. Dieu pardonne plus aisément la répugnance à la souffrance que la sensibilité à la joie.

8. Demandez l'amour des souffrances; cet amour qui ne diminue pas la douleur.

9. Plongez-vous, mes enfants, dans le Sacré-Cœur de Jésus; *abreuvez-vous-y d'amour et de douleur.*

10. On ne se voit jamais plus petit que quand on regarde Dieu de près.

11. Le bon Dieu nous appelle à l'union avec Lui, *même dès cette vie;* mais très peu y parviennent à cause de leur peu de fidélité à la grâce. *Oh! qu'il faut peu de chose pour s'opposer à cette union!*

12. L'abandon le plus absolu à Dieu est le moyen le plus court pour parvenir à la perfection.

13. Soyons fidèles aux vues de la Providence, et ne dérangeons rien à l'économie de ses desseins.

14. La nature est bien misérable!... puisque le bon Dieu nous souffre, il faut bien nous supporter nous-mêmes.

15. Puisse le nectar qui découle de la plaie du Cœur de Jésus embaumer votre âme et lui *faire goûter* ces sentiments délicieux réservés aux fidèles amants du doux Jésus.

16. Dans vos souffrances, ne joignez pas l'inquiétude à la douleur.

17. Il faut vivre pour souffrir et *souffrir en aimant la souffrance.*

18. N'éloignons pas de nous la souffrance : elle nous unit à Dieu.

19. Ne faites rien, pas même une représentation, sans vous recueillir un peu; que l'esprit du bon Dieu agisse en vous, de manière à ce que vous n'agissiez que *d'après Lui.*

20. Hélas! que de déficit dans le cœur humain! *rien; mais rien d'entièrement pour Dieu!...*

21. Les véritables consolations ne se trouvent qu'au pied de la croix.

22. Entrons dans le douloureux martyre qui fait la consolation des âmes qui suivent l'Epoux.

23. Les enfants des Sacrés-Cœurs doivent être toujours des victimes immolées.

24. Buvons jusqu'à la lie le calice que notre Epoux nous présente, n'en perdons pas le fruit en ne l'acceptant qu'à demi.

25. Faisons tout par esprit de mort; c'est le moyen d'avoir la vraie vie.

26. Que le Cœur de Jésus soit notre force, et le Cœur de Marie notre consolation!...

Ecoutez — Endurez — Encouragez — Consolez.

27. Marchez courageusement à la suite de la Victime du Calvaire; ne dites jamais : *Assez de peines; Assez de souffrances;* mais demandez la force, le courage et la résignation.

28. Le bon Dieu vous aidera, vous soutiendra, et vous serez heureuses si vous ne lui refusez aucun des sacrifices que commande votre état de victimes et d'adoratrices du divin Cœur de Jésus.

29. Toute la vie des Enfants des Sacrés-Cœurs doit se renfermer dans ces trois mots : *Pénitence... Silence... Oraison...*

30. On ne saurait donner trop d'attention à la bénédiction que le prêtre donne avant la confession et la communion.

31. La Sainte Humanité ne fut unie au Verbe que pour être immolée; et il ne nous a choisies pour ses épouses que pour continuer en nous son immolation.

32. A mesure que le sentiment de notre misère et de notre indignité augmente, les grâces de Dieu se multiplient.

33. Notre-Seigneur veut que les Enfants des Sacrés-Cœurs soient destinés *à adorer son Cœur, à réparer les outrages qu'il reçoit et à entrer dans ses douleurs intérieures!...*

Page 85

MONSEIGNEUR BONAMIE, ARCHEVÊQUE DE CHALCÉDOINE, SECOND SUPÉRIEUR GÉNÉRAL DE LA CONGRÉGATION DES SACRÉS-COEURS.

Marcellin Bonamie, naquit à Albas (Lot), le 26 mars 1798. Il n'avait que seize ans lorsqu'il entra au noviciat des Sacrés-Cœurs à Paris; il fit profession en 1816 sous le nom de Frère Raphaël.

Après avoir fait de solides études au séminaire de Picpus, il est ordonné prêtre en 1822 et prend part aux missions données avec un succès merveilleux dans le diocèse de Troyes. Sur la proposition du prince de Croy, il est nommé évêque de Babylone en 1832, en résidence à Bagdad. Sacré à Rome, il s'embarqua à Marseille pour la Syrie et arriva à Alep en 1834. Mais avant de pouvoir se rendre à Bagdad, un ordre du Saint-Siège l'appela à gouverner l'église de Smyrne dont il prit possession la même année. Mgr Bonamie administra le diocèse avec autant de succès que de fermeté; il pourvut à l'instruction des catholiques par un catéchisme et des lettres pastorales qu'il publia en grec moderne; il fonda un collège où l'enseignement du français occupe une place d'honneur et vit y affluer nombre de jeunes levantins que lui confièrent les notables de la région.

Le Père Coudrin étant mort en 1837, le Chapitre général nomma Mgr Bonamie supérieur à la place du fondateur. L'archevêque de Smyrne résigna son siège avec l'agrément du Souverain Pontife qui échangea son titre d'archevêque de Smyrne pour celui d'archevêque de Chalcédoine, et prit le gouvernement de l'Institut.

Mgr Bonamie, pendant une administration de quatorze ans, donna une impulsion nouvelle à toutes les œuvres fondées par le P. Coudrin, et en établit de nouvelles, surtout en Belgique et en Amérique. L'œuvre de la Sainte-Enfance, dont le vénérable fondateur, Mgr de Forbin-Janson, lui légua la présidence, reçut de Mgr de Chalcédoine, l'organisation qu'elle a encore aujourd'hui et les *Annales* qui la font connaître et aimer par le monde entier.

Mgr Bonamie mourut à Cahors, où il s'était retiré, le 8 juillet 1874. Son corps a été transféré dans la chapelle de Picpus, à Paris, où il repose à côté des Martyrs de la Commune.

Page 89

Monseigneur Etienne Rouchouze, évêque titulaire de Nilopolis, premier vicaire apostolique de l'Océanie orientale.

Les premiers missionnaires de l'Océanie partirent pour les îles Sandwich en 1826. Mais une violente persécution s'éleva contre la religion catholique et dispersa prêtres et néophytes. A cette nouvelle le Père Coudrin demanda au Saint-Siège un nouveau champ de bataille en Océanie pour de nouveaux missionnaires et où les anciens trouveraient au besoin un lieu de refuge. Un décret de la Propagande, daté du 20 mai 1833, remit aux soins du Fondateur l'Océanie orientale tout entière et nomma vicaire apostolique de cette immense étendue de mer le R. P. Jérôme Rouchouze. Né à Chazeau (Loire), le 28 février 1798, le Père Rouchouze avait fait profession comme religieux des Sacrés-Cœurs le 16 décembre 1816. Lorsqu'il apprit son élévation à la dignité épiscopale, il supplia le Saint-Siège d'écarter de ses épaules non pas le fardeau mais l'honneur de l'épiscopat. Mais Grégoire XVI lui ayant déclaré positivement la volonté de Dieu, il se résigna et partit pour l'Océanie en 1835.

Lorsqu'il arriva aux îles Gambier les idoles étaient tombées, grâce aux prédications des Pères Caret et Laval; la moisson était prête, il n'y avait qu'à la cueillir. Toute la population demanda et reçut le saint baptême.

Mgr Rouchouze songea alors d'étendre le règne de Jésus-Christ dans les autres parties de son immense vicariat. Tahiti, qui est comme le centre de la Polynésie australe, s'était montré d'abord rebelle à la vraie foi. Deux fois les apôtres envoyés par Mgr Rouchouze sont violemment repoussés; une troisième tentative eut plus de succès.

L'évangélisation des îles Marquises est commencée en 1839 par les Pères Desvault et Borgella; l'année suivante Mgr Rouchouze y conduit six autres missionnaires et prend une part active aux travaux de l'apostolat.

Lorsque la liberté de conscience fut rendue aux catholiques des îles Sandwich, Mgr Rouchouze s'empressa de partir pour cette mission si longtemps éprouvée par la persécution. Il débarqua à Honolulu avec trois nouveaux missionnaires, en mai 1840. Un grand mouvement commença aussitôt à se manifester en faveur de notre sainte religion; mais le nombre des missionnaires était trop restreint. Afin de se procurer de nouveaux collaborateurs, Mgr de Nilopolis se décida à faire un voyage en Europe. Sa mission réussit au delà de toute espérance; et, après un court séjour en France, il s'embarquait de nouveau le 14 décembre 1842, emmenant avec lui sept Pères, sept Frères catéchistes et dix religieuses de sa Congrégation. En outre il était muni d'instruments agricoles et d'outils pour divers métiers, dont le besoin se faisait le plus sentir aux îles. Mais hélas! que les jugements de Dieu sont impénétrables! Dans les premiers mois de 1843, le bâtiment se perdit, corps et biens, dans les abîmes de l'Océan, sans qu'on ait jamais su où, ni comment la catastrophe avait eu lieu.

Page 82

Le R. P. François d'Assise Caret, Apôtre des îles Gambier.

Il naquit à Méniac (Ille-et-Vilaine) le 14 juillet 1802. Ordonné prêtre à Rennes, il entra au noviciat des Sacrés-Cœurs et fit profession en 1830. En 1834 il partit pour les missions de l'Océanie avec deux autres prêtres et un catéchiste. Il arriva aux îles Gambier avec le R. P. Laval. Aux prix des plus grandes fatigues et de continuels sacrifices, les deux missionnaires convertirent en neuf mois l'archipel entier. Les idoles tombèrent le vendredi saint de l'année 1835 et la croix de Jésus-Christ n'a cessé de régner dans cette mission depuis cette époque.

Le Père Caret fut moins heureux dans diverses tentatives qu'il fit pour annoncer l'évangile à Tahiti. Repoussé trois fois par l'intolérance des ministres méthodistes il retourna à Tahiti, en 1841 où il put enfin établir la mission catholique.

Les rudes travaux de l'apostolat avaient usé avant le temps la santé du P. Caret. Sentant que l'heure suprême allait bientôt sonner pour lui, il désirait mourir au milieu de ses enfants des îles Gambier. Il y arriva en septembre 1844, sur la corvette française *La Meurthe*. Il mourut le 26 octobre suivant, âgé seulement de 42 ans, martyr, on peut bien le dire, de son zèle et de son dévouement pour le salut des peuples de l'Océanie. Nous pouvons avec vérité lui appliquer ces paroles de nos livres saints : *Consummatus in brevi, explevit tempora multa* : En peu d'années il a fourni une longue carrière.

Page 93

Le R. Père Honoré Laval, Apôtre des îles Gambier.

Il naquit à Saint-Léger (Eure-et-Loire) le 6 janvier 1807 et fit profession dans la Congrégation des Sacrés-Cœurs le 30 décembre

1825. Le Père Laval a été le compagnon fidèle des travaux du Père Caret. Après la mort de ce missionnaire le Père Laval affermit dans la foi les nouveaux chrétiens et en devint le législateur et le chef. Avec une sagesse consommée il guida ce peuple enfant dans sa marche vers la civilisation aussi bien que dans les voies du salut, voire même de la perfection évangélique. Il fortifia l'autorité du roi dont il demeura constamment le conseiller et l'ami.

Le Père Laval a écrit d'intéressants mémoires sur les origines et le développement de la mission catholique dans le vicariat apostolique de Tahiti duquel dépend la chrétienté des îles Gambier. Il mourut chargé d'ans et de mérites le 1er novembre 1880.

En faisant part de la mort du Père Honoré Laval aux membres de la Congrégation le T. R. Père Bousquet applique à bon droit au vaillant missionnaire ces paroles de l'Apôtre : « J'ai combattu le bon combat, j'ai achevé ma course et gardé la foi; il ne me reste plus qu'à recevoir la couronne de justice. »

Page 99

Chambre du Bon Père a Picpus.

L'appartement sanctifié par la présence de notre pieux fondateur, à Picpus, est situé au second étage d'un vieux corps de bâtiment, qui n'a dû son salut qu'à la vénération profonde des enfants des Sacrés-Cœurs pour leur père bien-aimé. C'est une petite chambre de quatre mètres de long sur trois et demi de large. Depuis longtemps déjà elle était convertie en oratoire; en 1889, le T. R. R. Bousquet avait obtenu de S. E. le cardinal-archevêque de Paris la faculté d'y célébrer la sainte messe pour l'utilité des malades. En vertu d'une nouvelle concession, obtenue en 1894, cette faculté n'est plus subordonnée au service de l'infirmerie, mais tout prêtre peut y satisfaire désormais sa piété filiale ou sa dévotion, par l'offrande du saint sacrifice.

Tout parle dans ce modeste sanctuaire, depuis les reliques insignes que le fondateur estimait ses plus chers trésors, jusqu'aux preuves que nous y trouvons de la pauvreté, de la simplicité et de la mortification de sa vie : sa discipline, ses livres de piété, ses objets personnels, tous simples et grossiers, la disposition même de cette petite salle basse, et naguère encore pavée de mauvaises briques, tout nous dit qu'un saint est passé par là.

Ajoutons que, grâce aux soins du T. R. Père Bousquet, supérieur général, intelligemment secondé par le R. P. Palmace, procureur de la maison-mère, la chambre a pris un aspect religieux qu'elle n'avait pas encore. Quatre beaux vitraux lui donnent cette teinte de douce et tranquille lumière qui plaît tant dans le lieu saint. Ils représentent les quatre âges de Notre-Seigneur; les portraits de nos vénérés fondateurs, de Mgr Bonamie et du T. R. P. Euthyme Rouchouze y ont été ajoutés. Les murs sont décorés à la fois avec sobriété et bon goût. D'une gracieuse guirlande s'échappent ces inscriptions si chères au cœur du Bon Père :

Vivat Cor Jesu Sacratissimum!

Vivat Cor Mariæ Immaculatum!

SS. Cordibus Jesu et Mariæ honor et gloria!

Discite a me quia mitis sum et humilis corde, et invenietis requiem animabus vestris.

Enfin, au-dessus de l'alcove où fut pendant trente ans le lit du fondateur, on lit : *Per triginta annos « Bonus Pater » hic cubiculum habuit.*

Et Dieu a écrit dans ses Livres saints que celui qui honorerait son père et sa mère serait béni et vivrait longtemps!

[illegible]

TABLE DES MATIÈRES

LES SERVITEURS DE DIEU DE LA CONGRÉGATION DES SACRÉS-COEURS

INTRODUCTION

LE BON PÈRE

CHAPITRE I

CHAPITRE II

CHAPITRE III

CHAPITRE IV

CHAPITRE V

CHAPITRE VI

CHAPITRE VII

Évreux — Imp. de l'Eure, L. Odieuvre.